Jürgen Meyer

Archäologische Geheimnisse

Archäologische Geheimnisse

Rätselhafte Entdeckungen zwischen Neckar und Alb

Von Jürgen Meyer

Oertel + Spörer Verlags-GmbH + Co.

Die Ratschläge in diesem Buch sind vom Autor sorgsam erwogen und geprüft, dennoch kann eine Garantie nicht übernommen werden.
Eine Haftung des Autors bzw. des Verlages und seiner Beauftragten für Personen-, Sach- und Vermögensschäden ist ausgeschlossen.
Sollten trotz sorgfältiger Recherche heute oder in Zukunft Unstimmigkeiten enthalten sein, bitten wir um Ihre freundliche Mitteilung. Sie unterstützen damit in wertvoller Weise unsere Bemühungen, die Inhalte auf dem neuesten Stand zu halten. Der Verlag kann keine Gewähr für Richtigkeit, Vollständigkeit oder Aktualität übernehmen.

Die Deutsche Bibliothek – CIP-Einheitsaufnahme

Meyer, Jürgen
Archäologische Geheimnisse : Rätselhafte Entdeckungen zwischen Neckar und Alb /
von Jürgen Meyer – Reutlingen : Verl.-Haus Reutlingen Oertel und Spörer, 2002
ISBN 3-88627-260-5

Postfach 16 42 · 72706 Reutlingen

Schrift: 9,5/11 p Stone
Satz, Reproduktion, Druck: Oertel + Spörer, Reutlingen
Bindung: Realwerk G. Lachenmaier, Reutlingen
Printed in Germany
ISBN 3-88627-260-5

Inhalt

Zwölftausend Jahre altes Felsheiligtum? 9
Die Angst vor dem Bergrutsch 13
Was geschah in Sankt Johannisweiler? 19
Die verschollene Römersiedlung 23
Mössingens Hohenzollern-Burg 29
Die Suche nach dem Ruhrgebiet vom Steinlachtal 33
Das Grab des Stammesfürsten 39
Militärposten am Öschenbach? 43
König Artus und die Burg im Köbele 47
Das sagenumwobene Grab des „Aare“ 53
Mysteriöser Meisenbühl 58
Geheimnisvolles Kloster 63
Mit Zugbrücke und Wassergraben 65
Das steinerne Kreuz 69
Unerklärliche Mauerwälle 71
Gewaltige Verteidigungslinien am Albrand 75
Pferdeopfer und Sonnenkulte 84
Das verborgene Sättele 93
Rätselhafte Wehranlage 95
Die Albschanzen des „Kirschen-Krieges“ 99
Das Dorf des vergessenen Volkes 105
Der Totenkopfbaum 109
Der Friedhof der Eiszeit-Tiere 113
Der abgewinkelte Sandstein 117
Das keltische Hügelgrab 119
Wo stand die verschwundene Kirche? 123
Die Totenstadt auf dem Höhnisch 126
Verschollen im Rammert 129
Der Weg führte durch die Teufelsklinge 133
Die vielen Rätsel der Belsener Kapelle 155
Das Geheimnis vom „Heiligen Loch“ 195

Vorwort

Verschwundene Dörfer, verschollene Gräber, rätselhafte Wälle, unentdeckte Schätze, unbekannte Ruinen, geheimnisvolle Kultstätten – keine Schlagworte aus Abenteuer-Romanen, sondern spannende und lebendige Geschichte, direkt vor unserer Haustüre.

Kein Tag vergeht, ohne dass der Pflug eines Traktors oder eine Bagger-Schaufel das Bild der Landschaft, in der wir aufgewachsen sind, stückweise, aber kontinuierlich verändern. Die Erinnerung daran, wie eine hügelige Wiese ausgesehen hat, bevor ein Wohngebiet darauf gebaut wurde, verblasst im Laufe der Zeit. Steinige Äcker verschwinden unter dem Asphalt der Straßenbauer, alte Weg- und Bachläufe werden flurbereinigt und Gräben am Waldrand aufgefüllt. Das Wissen der Großeltern um merkwürdige Gemarkungs-Namen vererbt sich nicht weiter oder geht durch Ortswechsel der Enkel verloren. Die Kinder des Internet-Zeitalters verfolgen andere Interessen als im Wald nach Ruinen zu suchen und „Lägerle“ zu bauen. Zugezogene haben zu den vielschichtigen Bedeutungen der örtlichen Gewanne und Fluren keinen Bezug: Mit jeder neuen Generation stirbt damit leider auch ein Stück Heimatgeschichte.

Der Fortschritt ist für uns alle lebensnotwendig. Weil aber die Zukunft der Menschen immer nur auf dem bisher Erreichten basiert, darf die Vergangenheit nie in Vergessenheit geraten. Hätten wir das Können unserer Vorfahren bewahrt, müssten wir uns heute nicht den Kopf darüber zerbrechen, wie die Ägypter ihre Pyramiden gebaut haben. Wir würden unsere Häuser nicht dort errichten lassen, wo uns negative Energiefelder fortan das Leben schwer machen, und wenn wir krank werden, könnten wir uns Medikamente aus dem heimischen Heilkräutergarten selbst zubereiten.

Wenn wir auch nicht jede Grabstätte, jede Siedlungsfläche oder gar jeden Kultplatz unserer Altvorderen erhalten können, so sollten wir sie wenigstens für die Nachwelt dokumentieren. Der Fund von noch so kleinen Knochenresten, Mauerteilen und Scherbenstücken hilft, einem Puzzle gleich, archäologische Geheimnisse unserer Heimat zu enträtseln. Vieles gilt es aufzuspüren, was völlig verborgen im Erdreich oder unter einem dichten Waldbewuchs liegt. Es klingt fast unglaublich, wenn man heute noch eine versunkene Inka-Stadt im Dschungel Südamerikas entdeckt, wo doch jeder Quadratzentimeter der Erde vom Weltraum aus von Satelliten fotografiert wurde.

Mit diesem Buch möchte ich alle heimatkundlich Interessierten an sagenumwobene Stätten führen, deren Lage oder Bedeutung kaum jemanden bekannt sind. Dazu greife ich geschichtliche Zusammenhänge leicht verständlich auf, die bislang unbeachtet nebeneinander in der Literatur stehen. Denn herkömmliche Heimatbuch-Autoren denken und schreiben zumeist nur in ihren heutigen Ortsgrenzen, Wissenschaftler sind auf Funde ihrer Zeitepochen beschränkt. So wird beispielsweise im Geschichtsbuch von Bodelshausen (erschienen 2000) behauptet, dass die abgegangenen Siedlungen Sankt Johannisweiler und Steinhofen nicht mehr lokalisierbar sind. Dabei liegen sie auf der benachbarten Belsener Markung. Oder es wird eine Römerstraße bei Rübgarten als neuzeitlich eingestuft, weil der Behörden-Sachbearbeiter nicht mit dieser Fachrichtung vertraut ist.

Jürgen Meyer (Jahrgang 1964) ist Bild-Redakteur beim Reutlinger General-Anzeiger. Seit zwei Jahrzehnten dokumentiert er mit der Fotokamera Land und Leute in der Region Neckar-Alb. Er ist in Belsen aufgewachsen und lebt auch dort. In der Pflege von alten heimischen Obstsorten sieht der engagierte Fachwart seinen persönlichen Beitrag zur Förderung der Heimatgeschichte.

Das Buch soll helfen, die fast verloren gegangenen Stätten unserer Vorfahren nicht in Vergessenheit geraten zu lassen. Ich möchte Interesse an der Heimatgeschichte wecken und Lust auf eigene Entdeckungstouren machen.

Mit einem engagierten Team von Historikern war ich zwei Jahre lang unterwegs, um vor allem entlang des Albrandes und dem oberen Steinlachtal nach bislang ungeklärten archäologischen Geheimnissen zu suchen. Mit denen im Buch vorgestellten Orten ist die Liste der rätselhaften Plätze freilich nicht vollständig. Sie soll, sofern Interesse besteht, in einem weiteren Band fortgesetzt werden.

Jürgen Meyer

Zwölftausend Jahre altes Felsheiligtum?

Versteckt ragt über dem Echaztal die Groß-Steinskulptur eines steineren „Wächters"

Nördlich des Schlosses Lichtenstein ragt ein sechs Meter hoher, isoliert stehender Felsen aus dem Steilhang. Umgeben von dichtem Buchenbestand wird er von den Wanderern, die vom Echaztal heraufkommen, kaum wahrgenommen. Wer sich aber dem beeindruckenden Stein von der Seite über den Abhang nähert, macht eine faszinierende Entdeckung: Der Fels hat die Form eines überdimensionalen Kopfes; im Profil mit Stirn, Augen, Nase, Lippen und Kinn. Steckt dahinter eine Laune der Natur oder waren hier Menschen einer unbekannten Hochkultur am Werk?

Offenbar ist die Existenz dieses Groß-Steinskulptur-Kopfes bislang nur einem kleinen Kreis von Leuten bekannt gewesen. Wegen des dichten Waldes ist der merkwürdige Fels auch vom gegenüberliegenden Traifelberg aus nicht zu sehen. Laut der führenden deutschen Großskulptur-Wissenschaftlerin Dr. Elisabeth Neumann-Gundrum stammt das Felsbild aus der Altsteinzeit und ragt somit bereits seit mindestens 12.000 (!) Jahren über das Echaztal. Die Marburgerin hat ähnliche Formationen zwischen Spanien und Norwegen untersucht und ist zu dem Ergebnis gekommen, dass hinter all diesen sich ähnelnden Köpfen eine bisher unbekannte Schaffensperiode der frühen europäischen Menschheit steckt. Sie ist demnach älter, als die der Jungsteinzeit, in der vor 4.500 Jahren die berühmten Megalithgräber (Menhire, Hinkelsteine) und das bedeutende „Stonehenge" entstanden.

In den von der Forscherin untersuchten Felsformationen bilden sich drei immer wiederkehrende religiöse Darstellungen heraus. Zum einen die „Atemgeburt": Häupter, die aus Nase und Mund weitere im Fels eingearbeitete Kopfbilder „aushauchen"; sinnbildhaft für das schöpferische Aushauchen von Seele und Leib.

Dann das „Zwiegesicht", ein alteuropäisches Ursymbol, das man nicht nur der Gottheit „Wotan" zuschreibt, sondern sich von hier aus bis nach Asien verbreitet haben soll: Gesichter mit einem linken offenen Auge für das „Diesseits", später von der griechischen Antike in der Skulpturdarstellung übernommen. Und das in hellerem (= leuchtend und somit weise) Gestein gehauene rechte geschlossene Auge. Dies bedeute den Blick ins Jenseits. Eine Sichtweise, die in jedem Buddha-Bild gezeigt wird.

Schließlich das dritte und zeitlich jüngste Symbol, das Neumann-Gundrum für den Fels am Lichtenstein zuordnet: „Der weise Alte". Er versinnbildlicht einen Wächter, einen Bewahrer, einen Hüter. Seine Funktion hat bis in die Christenheit in Gestalt des „guten Hirten" überdauert.

Direkt gegenüber des „weisen Alten vom Lichtenstein" liegen die kaum zugänglichen Grotten vom Locherstein, oberhalb der Honauer Steige. Ist es Zufall, dass man in ihnen Siedlungsfunde der Jungsteinzeit und jüngere Gräber- und Bestattungsspuren entdeckt hat? Musste der „Wächter", dessen Blick überdies genau der aufgehenden Sonne über den Grotten zugewandt ist, diese Stätte bewachen? Eigentümlicherweise gibt es unterhalb der Felshöhlen ein tief in den Kalkstein ge-

Sinnestäuschung oder tatsächlich das Profil eines „weisen Alten" am Lichtenstein?

Ein „Augenpaar"(?) unterhalb der Grotten von Locherstein. Sie blicken genau zum gegenüberliegenden Felskopf (Foto rechts).

hauenes Augenpaar (?), das seinerseits zum „weisen Alten" hinüberblickt. Sind beide Fälle eine Laune der Natur oder wurden sie zumindest teilweise künstlich bearbeitet? Haben sich vielleicht Steinmetze in den letzten Jahrhunderten einen Spaß erlaubt?

Da man bearbeitete Felsen zeitlich nicht datieren kann, stützt sich die Forscherin unter anderem auf verschiedene Funde von ähnlichen Reliefporträts im handlichen Miniaturformat aus Feuerstein, die auf-

grund ihrer Lage in der Erdschicht in die entsprechende Eiszeit(kultur) einzuordnen waren.

„Analog der Tatsache, dass noch heute im Umfeld von Wallfahrtsorten kleine Nachbildungen des Verehrungsbildes als Amulett o. ä. angefertigt werden, findet sich um bedeutende Kultstätten des alten Europas ebenfalls eine Fülle Kleinnachbildungen vom Leitbild des Gottesbildes." Vermutlich wurden die Kleinwerke zur Erinnerung an die Groß-Skulpturen der Kultstätten durch die einzelnen Betrachter angefertigt. Oder es sei denkbar, dass sie unter Anleitung von „Druiden" entstanden, die die geistig-seelische Entfaltung und Erziehung der Menschen bewusst lenkten. In unserer Region sind solche Miniaturköpfe noch nicht gefunden worden, zumal die archäologischen Untersuchungen sich bislang nur auf „Oberflächensammlungen" beschränkten. Dabei, so Neumann-Gundrum, „liegen sie im Umkreis der Groß-Steinskulpturen in nicht unbeträchtlicher Zahl verstreut auf und knapp unter der Oberfläche des Erdbodens".

Unterhalb des Bergrutsches
lag die Siedlung „Buch".

Angst vor dem großen Bergrutsch

Warum verschwand die Siedlung „Buch" im Mittelalter spurlos?

Vor über 660 Jahren verschwand aus den Urkunden der Geschichte der Name einer Siedlung, deren Entstehung und Schicksal bis zum heutigen Tag große Rätsel aufgibt: „Buch", einst in einem Waldgebiet südlich von Belsen gelegen, könnte von einer Naturkatastrophe heimgesucht worden sein.

„Buch" ist eine von mehreren in Mittelalter verschwundenen Siedlungen auf heutiger Mössinger Markung. Während von den anderen in diesem Buch behandelten Weilern „Steinhofen" und „Sankt Johannisweiler" wenigstens noch Fundamentreste vorhanden sind, hinterließ „Buch" mehr Fragezeichen als Spuren.

Sicher ist nur, dass diese Siedlung im hinteren Buchbachtal gelegen hat; an einem alten Fahrweg, der von Belsen nach Talheim führte, eingebettet zwischen Farrenberg und Heuberg.

Der erste schriftliche Hinweis auf „Buch" könnte in einer Stiftung an den Johanniter-Orden zu finden sein. Er datiert vom 27. Januar 1283. Darin bitten die Brüder Hugo und Konrad, Besitzer der stattlichen Isenburg bei Horb, den Abt von Reichenau um eine notarielle Umschreibung. Die beiden hatten die ihnen bislang verliehenen Zehnten in einer „villa Boch" an einen „Bur von Rangendingen, Bürger in Horb" gegeben und wollen die Einnahmen nun zu Gunsten des Johanniterhauses in Rexingen übertragen.

Während „boch" vom Mittelhochdeutschen „buoch" für Buchenwald abgeleitet wird, deutet die lateinische Bezeichnung „villa" auf römischen Ursprung hin. Da unweit der heutigen Buchbachstraße eine römische Gutshofanlage unter dem Ackerboden vermutet wird, könnte es einen geographischen Zusammenhang mit dem zwei Kilometer oberhalb des Bachlaufs gelegenen „Buch" geben. Die typisch lockere Ansiedlung von Gehöften in der römischen Besatzerzeit der ersten beiden Jahrhunderte würde dafür sprechen; auch die Überreste eines zeitlich nicht mehr einzuordnenden Dammes am Ankenbach, der zwischen den Gewannen „Glind" und „Faulensteig" am südlichen Ortsende von Belsen liegt.

Die zweite Erwähnung von „Buch" stammt vom 22. Februar 1318 und führt auch nach Horb, womit es sehr wahrscheinlich wird, dass „Boch" und „Buch" identisch sind. Werner von Zimmern, vermögender Bürger von Horb, hatte bis zur Unterzeichnung der Urkunde „eine Gült von 6 Malter Roggen aus einer Habe zu Buch an das Kloster Kirch-

Derart große Gesteinsschollen sind vermutlich als Geröllawinen auf die Ausläufer der Siedlung „Buch" niedergegangen.

berg" verkauft. Nach dem neuen Vertrag gibt er nunmehr vollends die Gült „omme vier phont dowinger" ganz an das Kloster Kirchberg.

Die dritte und letzte bekannte Urkunde, die bislang aufgetaucht ist, stammt von 1342. Dort ist „Buch" offensichtlich Eigentum eines Johann von Genkingen, der zusammen mit seiner Frau Anna dem Kloster Stetten bei Hechingen seinen Besitz in Belsen, Buch, Steinhofen und Sankt Johannisweiler verkauft. Vorbesitzerin war die reiche Tübinger Bürgerfamilie Zofering (oder Zovink).

Zwei Jahre später, 1344, wird Buch plötzlich in der zollerischen Erbteilung nicht mehr genannt. Vermutlich ist die Siedlung kurz vor dieser Zeit verlassen worden oder die bereits verfallenen Behausungen waren ganz verschwunden. Über die Gründe kann man nur spekulieren. Hilfreich dabei ist eine alte Flurkarte des Buchbachtals von 1830. Der auffallend geschlossene Parzellenkomplex zeigt die einstige Lage dieser von Wald umgebenen Rodungs- und Siedlungsfläche. Sie beginnt, wenn man sich von Belsen aus dem Buchbach entlang Richtung Alb nähert, mit einem 400 Meter langen und 100 Meter breiten Tal. An dessen Ende vergrößert sich die Parzellierung auf die vierfache Breite und Tiefe. Fast quadratisch liegt die einstige Siedlungsfläche eingepasst zwischen dem tiefen Buchbach-Bett im Nordosten und den mäßig starken Hängen im Süden und Westen.

Wer diesen Tal-Abschluss abläuft, wird entdecken, dass der südliche Teil von „Buch" nicht erst beim großen Bergrutsch vom April 1983 tangiert worden war. Damals donnerten zehn Millionen Tonnen Geröll vom Albtrauf hinunter und rissen eine gigantische Wunde in den darunterliegenden Wald. Aufgrund der Bodenbeschaffenheit und Verwerfungen ist deutlich erkennbar, dass „Buch", am Rande der Geröll-Lawine liegend, in früherer Zeit ebenfalls Rutschungen ausgesetzt war – und nach wie vor gefährdet ist.

Warum sollten die Bewohner dieses fruchtbare und klimatisch geschützte Tal freiwillig verlassen haben? Aus heutiger Sicht kann man sich eine Abkehr aus dieser Idylle nicht erklären, außer vor dem Hintergrund der drohenden Naturgewalten. Vermutlich haben die Ausläufer der anhaltenden Steinlawinen des ständig in Bewegung befindlichen Albtraufes eine zu große Gefahr für die Leute von „Buch" bedeutet. Es ist sogar zu vermuten, dass Teile der einstigen Siedlung von einem Erdrutsch regelrecht verschüttet wurden. Die Erd- und Gesteinsschichten am Südrand von „Buch" stammen aus geologisch anderen Schichten.

Eigenartigerweise haben zur fast gleichen Zeit, ab dem Jahre 1361, in dem heute ebenfalls verschwundenen Dorf „Zell" unweit des Hohenzollers Erdrutsche am Albtrauf zur Abwanderung der Bevölkerung und zur Aufgabe des Weilers geführt. Die Bevölkerung zog in den unterhalb in Sicherheit liegenden Ort Boll bei Hechingen. Könnte diese Flucht nicht auch nach Belsen vonstatten gegangen sein?

In einem Teil von „Buch" wurde in den 70er-Jahren auf einem einstigen Wochenend-Grundstück ein abgeschottetes FKK-Gelände angelegt. Auf dieser eingezäunten und im Gegensatz zur Umgebung von der Nachforstung verschonten Fläche lassen sich noch Fragmente ei-

Ein tief eingeschnittener Hohlweg führte vom alten Weiler „Buch" weiter nach Talheim und auf den Heuberg.

ner früheren Besiedlung erahnen. Grundrisse und terassenförmige Bodenbearbeitungen sind erkennbar. Insbesondere der alte Heubergweg, sozusagen die „Passroute“ nach Talheim, ist als Hohlweg teilweise noch gut erhalten, wenn auch zugewachsen. Es könnte die einstige „Hauptstraße“ gewesen sein, die „Buch“ mit Talheim oder den Alborten Salmendingen und Melchingen verband. Auch in „Zell“ gab es eine uralte „Erntstaig“, über die Waren in den Süden transportiert wurden.

„Buch“ könnte auch die Wohnstätte von einigen Köhlern mit ihren Familien gewesen sein, die in dem östlich des Baches liegenden Gewannen „Kohlergärtle“, „Kohlhäue“ oder „Kolbechlin“ (Köhlers Bächle) Bäume schlugen, um Holzkohle herzustellen. Der Familienname „Koler“ ist als Fortschreibung von „Köhler“ um 1435 zum ersten Mal schriftlich genannt. Die Holzkohle war im Mittelalter die wichtigste Energie, die man zur Verhüttung von Eisenerz benötigte.Vielleicht besteht zwischen der bedeutenden Ausgrabung eines Eisenverhüttungsplatzes im Stadtkern von Mössingen im Sommer 2001 und der „Zulieferer-Siedlung“ sogar ein Zusammenhang.

Lebten im Buchbach-Tal im Mittelalter Köhler mit ihren Familien?

Reste einer mittelalterlichen Brücke über den Schlatterbach

Was geschah in Sankt Johannisweiler?

Löschte die Pest bei Belsen ein ganzes Dorf aus?

Was für ein herrlicher Fleck Erde! Unterhalb der steil aufragenden Beurener Anhöhe des „Tirolerkopfs", von zwei kleinen, aufgestauten Bächen, Obstwiesen und einem Wald flankiert, lag Sankt Johannisweiler. Ein Dutzend Gehöfte und eine Kapelle bildeten hier einst ein kleines Dorf – bis vor rund 500 Jahren möglicherweise ein schreckliches Ereignis über den Ort hereinbrach.

Ein letztes „Lebenszeichen" von der Siedlung ist auf das Jahr 1471 datiert. In einem zollerischen Schatzungsregister werden ein Lienhart und ein Ulrich Koler aus St. Johannisweiler mit ihrem Vermögen von zusammen 140 Gulden genannt. Spätere Quellen erwähnen nur noch den Flurnamen. Der veränderte sich durch den Dialekt von „Sant Johans Wyler" (1522) zu einem „Sannct Johannsen" und „Sancten Hanß" (1541). Heute nennt man das rund 250 auf 500 Meter große Gebiet „Satte Hanse"; wer vermutet hinter dieser Bezeichnung schon einen verschwundenen Weiler? Die zeitliche Nähe zur großen Pestepidemie, die ganz Württemberg und damit auch das Steinlachtal im Jahre 1482 erfasste, könnte der Grund für den Niedergang des Ortes gewesen sein. Die von Flöhen der Ratten und Mäuse übertragene bakteriel-

Wo lag der Friedhof des verschwundenen Ortes?

le Infektionskrankheit hätte die Einwohner der Siedlung binnen weniger Tage untereinander anstecken und töten können. Da der Sippenname „Ko(h)ler" zudem nach dieser Zeit in den uns bekannten Urkunden nicht mehr auftaucht, wäre es denkbar, dass dieser Stamm ausgelöscht wurde. 1468 reicht ein „Leonard Koller zur Pfarrei Mössingen auf Michaeli 30 Schilling Heller". Am 30. Oktober verkauft ein „Lienhard Koller an den neuen Altar zu Mössingen, der zu Ehren der 12 Apostel und der Heiligen Fridolin, Barbara und Otilla geweiht ist, 30 Schilling Hellrgült aus Wiesen um 30 Pfund Heller".

Auch der Sippenname „Giner", die einst in Sankt Johannisweiler gelebt hatte („Petter Giners Hofstatt"), existiert seit Beginn des 16. Jahrhunderts in der Gegend nicht mehr. Gleichwohl kann dies andere Ursachen gehabt haben; die Familien sind ausgestorben oder weit weggezogen.

Es ist aber dennoch merkwürdig, dass eine so große Ansiedlung, die Platz für ein Dutzend Gehöfte bot, aufgegeben wurde. Dort auf der Anhöhe hatte man einem wunderbaren Fernblick über das ganze Steinlachtal. Noch heute sind die zu einer Tiertränke, zu einem Enten- oder Fischweiher aufgebauten Dämme des kleinen Schlatterbaches und des Hansenbachs zu sehen, die 1650 als „Weyher" und 1701 als „Weiherwuhr" (Wehr) zuletzt genannt werden. Mit der Flur „Ymengertlin" (1522) oder „Imengärtle" (1702) ist ein weiteres Idyll, nämlich ein Bienengarten umschrieben.

Um das Jahr 1900 unternahm der Belsener Dorfpfarrer Duncker die ersten und einzigen Grabungen in dem Areal. Leider sind seine Aufzeichnungen verschollen. Bekannt ist, dass er jetzt noch vorhandene, aber überwachsene, 70 Zentimeter starke Fundament in geringer Tiefe freilegte. Dazu Kellergewölbe und zahlreiche Grundmauern mit Brandspuren. Diese müssen so einprägend gewesen sein, dass unsere Vorfahren die Bezeichnung „Brand" (1769 erwähnt) für das Flurteilstück vergaben.

Duncker stieß bei seinen weiteren Grabungen auf menschliche Skelette, vermutlich den bis heute nicht wieder entdeckten Friedhof des Ortes. Dafür weist ein deutliches Geviert noch heute auf den Standort der Kapelle hin, die der Siedlung ihren Namen gab. Der Hang selbst hieß früher auch noch „Kirchhalde".

Im Jahre 1613 wird das dem Johannes geweihte Gebäude noch erwähnt als „wo vor Jahren ein Kirchlein gestanden". Wahrscheinlich wurde die Kirche nach dem Augsburger Religionsfrieden 1555 auf Anweisung des streng lutherischen Landesherren Herzog Christoph abgebrochen. An der höchsten Stelle des einstigen Ortes (um 530 Höhenmeter, Belsen liegt bei 490) gibt es zwei sonderbare in den Hang gearbeitete Terrassen, die mittlerweile von einem lichten Wald bewachsen sind. Zudem finden sich überall sehr viele Ziegelreste. Der unter einer dünnen Humusschicht vorhandene metertiefe Lehmboden

Waren die Zollern Schuld am Untergang des Weilers?

bot genug Ton-Vorkommen, wie der Nachweis von 1522 auf „die alt Ziegelhütte in St. Johann“ beweist. Auch die Reste eines Brunnens sind bekannt. Schließlich haben die Mauerreste einer steinernen Brücke am Schlatterbach die Zeit überdauert. Auch die teilweise Trassierung eines alten Weges ist noch sichtbar. Wenn man ihn auf einer Landkarte nach Nordosten verlängert, träfe er auf die Siedlung „Altensickingen“ zwischen Bodelshausen und Oferdingen, die zu Beginn des Dreißigjährigen Krieges (ab 1630) von ihren Bewohnern verlassen wurde.

Die Geschichte von Sankt Johannisweiler lässt sich urkundlich erstmals 1342 erfassen. Der Standort der Johannes-Kapelle indessen scheint bis in die vorchristliche Zeit zurückzureichen (darauf wird in diesem Band an anderer Stelle näher eingegangen). Im Jahre 1402 erbte der Zollern-Graf Friedrich XII. Sankt Johannisweiler zusammen mit Mössingen, Belsen und Steinhofen von seinem Vater. Seine beiden Brüder bekamen andere Ortschaften im heutigen Kreis Hechingen. Es sollte langfristig Friedrichs Verhängnis werden, weil sich die drei nach dieser Erbteilung enorm verschuldeten und untereinander verkrachten. Friedrich, der sich der Öttinger nannte, suchte 1411 sein Glück als Söldner und verkaufte 1415 fast seine gesamte Habe an seinen Dienstherren, den Grafen Eberhard von Württemberg. Der konnte durch den Erwerb seinen Einflussbereich ins Steinlachtal ausweiten. Zollern-Bruder Eitelfriedrich passte der Verkauf des Familienerbes an die immer mächtiger werdenden Württemberger überhaupt nicht. Er erklärte deshalb Friedrich zusammen mit Verbündeten den Krieg.

Im Sommer 1422 begann die Belagerung der Burg Hohenzollern, auf die sich der Öttinger zurückgezogen hatte, nachdem er seinen Bruder verjagte. Der Sage nach wurde das Mössinger Liebchen („Amasia

Was hat es mit diesen in den Hang gehauenen Trassen auf sich?

de Messingen") des Grafen, die Pulver in die besetzte Burg schmuggeln wollte, im Januar 1423 abgefangen und verschleppt. Ein achtstündiger Sturmangriff scheiterte im März. Erst im Mai 1423 konnten die völlig erschöpften und unterernährten 39 Verteidiger überwältigt werden. Unter den Gefangenen war auch ein Ulrich Koler aus St. Johannisweiler. Er wurde nach Ulm gebracht und später freigelassen. Die Zollernburg indessen wurde zerstört und sollte eigentlich nie mehr aufgebaut werden.

Durch einen (im Juli 2002 wieder entdeckten) Geheimgang war Graf Friedrich entkommen und wurde fortan als Raubritter aktiv. Zwei Jahre vor seinem Tod 1443 auf einer Wallfahrt ins Heilige Land verzichtete er auf seine Ansprüche in Mössingen, Belsen, Öschingen und St. Johannisweiler. Am 8. März 1455 unterzeichnete schließlich sein Neffe Jos Niklas, der Sohn des 1439 verstorbenen Eitelfriedrich, den endgültigen Gebietsverzichtsvertrag mit den württembergischen Grafen Ulrich V. und Ludwig II.

Im Jahre 1446 wurde dann auch noch Bodelshausen württembergisch. Dadurch wurde Sankt Johannisweiler zum Grenzbezirk, zu württembergischen Hinterland, das an Beuren und Hechingen und somit auf wenige Meter an vorderösterreichisches Gebiet angrenzte.

Möglicherweise war diese neue geographische Situation der Grund für den Niedergang der Siedlung, dessen Geheimnis heute unter Kirsch- und Apfelbäumen begraben liegt.

Die verschollene Römer-Siedlung

Steinhofens Geschichte liegt fast völlig im Dunkeln

An der Straße von Belsen nach Beuren sind die spärlichen Reste eines einstigen Dorfes entdeckt worden: „Steinhofen“, zuletzt 1416 erwähnt, war im Jahre 789 zum ersten Mal in Urkunden aufgetaucht. Doch seine Spuren reichen bis in die Römerzeit zurück.

Da existierte einst ein Dorf, den gesicherten Urkunden nach mindestens 700 Jahre, den vermeintlichen Spuren nach sogar 1500 Jahre lang – und wir wissen heute so gut wie nichts über diese Zeitspanne, die Generationen von Menschen die dort lebten und die Gründe, die zur unerklärlichen Aufgabe dieser Siedlung führten.

Belsens Dorfpfarrer Max Ducker, der 1899 seine Umgebung erforschte, verdanken wir die bisher einzigsten greifbaren Hinweise auf „Steinhofen“. Seither wächst buchstäblich Gras über das hügelige Baumwiesen-Areal am Waldrand im Südwesten der Ortsmarkung.

Die Äcker und Bachläufe bergen Mengen von römischen Ziegelresten und mittelalterlichen Scherben.

„Steinhofen“ muss eine Siedlung dörflichen Ausmaßes gewesen sein. Sie lag etwa im Halbkreis um den dortigen Spitzwald, der heute mit seinem westlichen Ende wie ein Brandungsfelsen in die Wiesen hineinragt. Zahlreiche Häuser, von denen heute nur noch abgetragene, aber markante Hügel übrig sind, prägten die Landschaft am Hansen- und Geißbach. Weitgehend erhalten sind jedoch die Reste eines zur Weidetränke oder als Dorfteich gestauten, aber nicht mehr genutzten Dammes.

In seinem aus dem Nachlass erhaltenen Grabungsbericht berichtet Pfarrer Duncker über seine Entdeckungen:

„Beim Gewann ‚Tiergarten‘, nahe dem ‚Spitzwald‘ finden sich eine Reihe kleiner Hügel, die dicht unter der Rasenschicht mit Steinplatten bedeckt sind. Etwas weiter abwärts, dem Bach zu, zeigt dann der Boden reichlich Aschenreste, gemischt mit Stücken gebrannten Lehms, wohl der letzte Rest abgegangener Häuser, die aus Balken und Lehmwänden bestanden und durch Feuer zugrunde gingen."

Duncker ließ wahllos einen 15 auf 7 Meter breiten und einen Meter hohen Hügel anschneiden. Er entdeckte steinerne Fußböden aus unbearbeiteten Kalksteinplatten im Durchmesser von bis zu zwei Metern.

„Unter diesen Platten trat eine rätselhafte 27 Zentimeter breite Rinne zu Tage, die 3,30 Meter lang über die Mitte des Hügels sich hinzog, ohne jedoch dessen Ende zu erreichen. Diese Rinne war mit feinem angeschwemmten Lehm gefüllt und wurde von einer 20 cm hohen Mauer aus Steinen gebildet."

Die Funktion dieser Entdeckung gab ihm Rätsel auf. Eine Grabstäte schloss er aus, ebenso einen Abzugsgraben, da nirgends ein Abfluss gefunden wurde. Hatte er eine Feuerstelle entdeckt? Unterhalb der Steinplatten, also drei Zentimeter unter der Oberfläche, stieß er auf Kohlen- und Aschereste, vermischt mit sehr zähem Lehm.

In dieser rund 40 Zentimeter dicken Schicht fand er „eine Menge blaugrauer Gefäßscherben von jeglicher Dicke, ein eisernes Beil, ein Stück eines Hufeisens, eichene Bohlen, Stücke einer Spange und einer Schnalle (beides von Eisen), endlich ein Stück Falzziegels und Hohlziegelstücke. Auch etliche Knochenstücke wurden ausgegraben.

Ein ähnlicher, etwa 200 Meter weiter östlich gelegener Hügel, der einen geringeren Umfang hatte, bot dasselbe Bild: Steinplatten in verschiedenster Ausdehnung (von 120 auf 45 bis zu 300 Zentimetern) und unter denselben mittelalterliche Scherben und Brandschutt."

Duncker, der bei weitem nicht alle Hügel untersuchen konnte, vermutete, dass die von ihm gefundenen Reste aus verschiedenen Siedlungsepochen stammen müssten.

Römische Gutshöfe

Die Bezeichnung „Stein-" führt uns über die Aufschlüsselung im Orts- und Flurnamenbuch Württembergs zu den Römern. Dafür spricht einerseits eine mit großer Wahrscheinlichkeit einst an „Steinhofen" vorbeiführende Römer(neben)straße. Sie zog sich unterhalb des „Tiroler Kopfes" von Hechingen und dem benachbarten „Sankt Johannisweiler" kommend durch die große Anlage der keltischen Viereckschanze weiter, südlich an der Belsener Kapelle, an der „Steinsbreite" vorbei nach Mössingen. An dieser mutmaßlichen Trasse befanden sich römische Ansiedlungen, zu denen wohl auch „Steinhofen" zu rechnen ist.

Zunächst an der Stelle, wo die heutige geteerte Straße nach Beuren den Geißbach überquert und sich mit der angenommenen Römerstraße kreuzt. Die steinerne Brücke dürfte eine sehr alte Vorgängerin

Hier standen hunderte von Jahren lang die Gebäude des verschwundenen Dorfes „Steinhofen".

gehabt haben. Der Bachlauf ist voller Ziegelreste, in den Böschungen lugen alte Ziegelstücke durch die Wurzeln der Bäume. Auf der benachbarten Wiese, einst ein Acker, kamen beim Pflügen immer wieder alte Dachziegel zum Vorschein. Nicht weit davon gibt es gar ein „Steinbächle" (1631 genannt). Ein weiterer Fundort für Scherben (und Münzen) sind die Äcker im Gewann „Steinsbreite", zwischen den Wegen, die von der Belsener Kapelle und der heutigen KBF-Schule Richtung Olgahöhe führen. Die Bauern fördern immer wieder römische Ziegelreste zutage. Auffallende Unebenheiten im Boden, leider landwirtschaftlich bedingt immer mehr abgeschleift, lassen ein weit ausgedehntes Gutshofsareal („villae rustica") mit mehreren Gebäuden vermuten. Es reicht vom Kapellen-Hügel bis zum beginnenden Buchbachtal.

Zu Beginn der 1970er-Jahre entdeckte man vom Flugzeug aus in einem trockenen Sommer auffallende Muster in den unterschiedlich verfärbten Getreidefeldern. Dort zeichneten sich die Fundamentreste von Gebäuden ab. Eine weitere wissenschaftliche Untersuchung blieb jedoch seither aus. In der rekonstruierten „villa rustica" im benachbarten Hechingen-Stein kann man sich aber eine Vorstellung machen, welche Dimension die römische Ansiedlung auch in Belsen gehabt haben könnte. Bislang wurden in Stein auf einer vier Hektar großen gerodeten Waldfläche rund 14 Gebäude entdeckt, darunter eine Badeanstalt und ein Tempelbezirk. Ein Ende der Funde ist nicht abzusehen. Vermisst wird insbesondere noch der Friedhof der großen Gutsanlage, die vermutlich ein Art Raststätte darstellte.

Die zum Teil auch sehr komfortabel ausgestatteten kleineren Gehöfte wurden durch römische Siedlungsfamilien gegründet und betrieben, die nach der militärischen Eroberung unserer Gegend im Umland Fuß fassten. Zu Beginn des zweiten Jahrhunderts, als Rottenburg („Sumelocenna") zum Verwaltungssitz der regionalen Neckar-Provinz wurde, mussten die Stadtbevölkerung und das Militär mit Nahrungsmitteln versorgt werden. Die fruchtbaren Böden der Provinz Obergermaniens wurden mit einer Vielzahl von Gutshöfen vernetzt und mit Wegen untereinander verbunden.

Steinhofens Geheimnis

Die erste bekannte schriftliche Nennung von „Steinhofen" stammt vom 13. Dezember 789. Es geht dabei um eine Schenkung an das Kloster Sankt Gallen durch einen Adalbert und einen Wolffret aus Hechingen. Protokolliert wurde diese Besitzübertragung, die neben „Massinga" (Mössingen) auch „Steinhofen" nennt, von einem wohl örtlichen Priester („Presbyter") Herimar aus der „Hattenhuntare", also den zur damaligen Zeit so genannten Verwaltungsbezirk der Gegend. Eine weitere Erwähnung findet sich erst wieder am 14. Juni 1284: Graf Albert von Hohenberg vollzieht demnach als Erbe des verstorbenen Adeligen von Waldeck eine Stiftung an dessen Witwe; „Steinhofen" geht an das Kloster Kirchberg. Vom 30. April 1342 ist eine Verkaufsurkunde bekannt. Darin veräußern Johann von Genkingen und seine Frau Anna an das Kloster Stetten (Hechingen) Güter und Leute von „Steinhofen, Johannisweiler, Buch und Belsen" für den Verkaufspreis von „215 Pfund Haller Müntz". Anna von Genkingen gehörte zur vermögenden Tübinger Bürgerfamilie der Zoferings (oder Zovink) und hatte auch Besitz in Mössingen.

Nach dem Tode des Hohenzollern-Grafen Friedrich des Älteren geht „Steinhofen" mit Mössingen 1402 an Friedrich XII., genannt „der Öttinger", der auch „Sankt Johannisweiler" bekam. Fünf Jahre später, am 12. Mai, anlässlich der Hochzeit Friedrichs mit Ännlin Gräfin von Sulz, taucht „Steinhofen" wieder auf. Am 3. August 1407 ist „Steinhofen" Mittelpunkt eines gerichtlichen Schiedsspruchs. Die Gräfin Adelheit von Zollern, eine geborene Fürstenberg, stritt sich mit Wilham Walker und dessen Sohn Andris, Bürger zu Reutlingen wegen eines Hofes „in Steinhofen, dem Dorfe gelegen, dem Wernher Maiger sel. vor Zeiten ingehabt und der nun geliehen ward an Bentzen Pflommern von Steinhofen".

Eine weitere Nennung datiert auf den 28. April 1411, bei der Friedrichs Bruder, der ebenfalls Fritz genannte Straßburger Domherr beschenkt wird: „Wir geben und vermachen Messingen, Belsen, Steinhofen, St. Johannisweiler, Stetten, Boll, Sendach, Weilen, Hausen und ein Teil von Bisingen und Tanheim."

Schließlich taucht „Stanszhoffen“ noch einmal 1416 in den uns bislang bekannten Urkunden auf. Die Zollern, die Schulden hatten, überließen dem Bodelshäuser Ortsadel, den Herren von Ow, ihre Güter zur (vorübergehenden) Verwertung.

Gab es bei Steinhofen einen ebenso luxurösen Gutshof wie in Stein bei Hechingen?

Vermutlich ist „Steinhofen“, (Verwechslungen mit dem Steinhofen bei Bisingen sind weitgehendst ausgeschlossen), zur selben Zeit wie Sankt Johannisweiler von den Landkarten verschwunden. Im ältesten Taufbuch Mössingens von 1558 sind keine Eintragungen über die Bewohner dieses Ortes mehr zu finden. In Belsen erzählt man sich, das noch bis ins 19.Jahrhundert hinein die Ruinen der Häuser als Viehhütten genutzt wurden.

Rätselhalfter Durchgang unter der einstigen Fluchtburg-Mauer an der Peter- und Paul-Kirche.

Mössingens „Hohenzollern"-Burg

Eine über 650 Jahre alte Festungsanlage an der Steinlach

Der Park hinter der Altenwohnanlage mit dem Blick auf die malerischen Fachwerkhäuser ist idyllisch. Anno 1410 war es in der Mössinger Stadtmitte jedoch alles andere als beschaulich: Vor den Mauern der gut befestigten Zollern-Burg an der Steinlach standen die brandschatzenden Soldaten des Heinrich von Ow aus Bodelshausen.

In den Archiven der Zollern ist diese Strafexpedition aus dem Jahre 1410 festgehalten. Es ist eine der ganz wenigen schriftlichen Hinweise auf die einstige Zollern-Burg, deren bis zu zehn Meter hohe künstlich aufgeschüttete Stein- und Erdwälle heute noch zu sehen sind.

Der erste Hinweis auf die Mössinger Burg geht auf einen Vertrag von 1344 zurück. Damals kam Mössingen „mit Burg und Kirchsatz", also dem Wahlrecht des Geistlichen, an den Grafen Friedrich den Straßburger. Er erbte die Burg von seinem Vater Friedrich, genannt der Ostertag. Vermutlich besetzte der „Straßburger" die Anlage mit einem Vogt aus der Familie der „Gräßer", einem Zweig der berühmten Sippe „First". Die Gräßers hatten, wie ihre Vorgänger, die Aufgabe, die Mössinger Untertanen zu schützen und ihre Anliegen zu vertreten. 1358 wird dieser „Advocatus" (Vogt) erstmals aufgeführt. Deren Vorgänger könnte die Familie der Megenzer aus Felldorf gewesen sein, die 1335 auftaucht. Als Friedrich der Straßburger 1368 starb, bekam sein Sohn Friedrich der Ältere die Burg. Der vererbte sie 1402 mit der Peter-und-Pauls-(Vorgänger-)Kirche sowie Belsen, Öschingen, Steinhofen und Sankt Johannisweiler an seine Witwe und ihren Sohn Friedrich den Öttinger.

Dieser klassische Raubritter verschuldete sich beim Ortsadel in Bodelshausen. Weil er den Herren von Ow nichts bezahlen konnte, kam es 1409 zu ständigen Konflikten. Die Ows stahlen in Hechingen Vieh. Daraufhin griff Öttingers Bruder Eitelfritz mit den Hechingern das Dorf Nordstetten an. Sie legten Feuer, raubten und mordeten. Auch der Öttinger mischte mit, er fiel in Ehingen (heute Teil von Rottenburg) ein und tötete bei der anschließenden Flucht seinen Verfolger: Ritter Burkhard vom Schloss Altrotenburg fiel bei Weilheim (Hechingen). Damit nicht genug. Der Öttinger stürmte „mit seinen Schnaphannen" kurz darauf völlig überraschend den Rangendinger Markt und verschleppte dreißig Rottenburger Marktbesucher auf die Stammburg der Zollern.

Nach mittelalterlichem Rechtsempfinden musste der nun folgende direkte Kampf zwischen den verfeindeten Parteien durch einen Fehde-Brief angekündigt werden. Volkhard von Ow bekam dieses Schreiben und ließ die Zollern-Brüder wissen, dass er eine friedliche Beilegung der Sache wünsche. Doch der Öttinger wollte keine Einigung (zumindest ohne den Kontrahenten vorher geschädigt zu haben) und griff im Morgengrauen die Burg der Bodelshäuser an. Die Feuerpfeile („Furpfiln") setzten die hölzernen Gebäude der Anlage am heutigen Burgplatz in Brand – was sich durch archäologische Ausgrabungen übrigens bestätigen lässt. Außerdem richteten die Zollern-Soldaten in Oberhausen und Sickingen enorme materielle Schäden (5.300 Gulden) an. Die Reaktion folgte mit einem Rachefeldzug: Die Bodelshäuser überfielen Mössingen, das damals der unbeteiligten Öttinger-Mutter gehörte. Die Soldaten brandschatzten einige Häuser und beraubten die

Keller der Burg oder Bierlager einer Gaststätte?

„armen Lute ze Messingen", die ihr Hab und Gut nicht rechtzeitig hinter den Mauern der Kirchen- und Friedhofsanlage in Sicherheit bringen konnten. Die Burg an der Steinlach konnten die Männer der Ows nicht einnehmen. Die wurde von Eberhard dem Gräßer und seinen Mannen gehalten. Die Zollern schätzten ihn als zuverlässigen Kämpfer („fromme Fester"). Dennoch entstand im Ort ein Schaden von 3.000 Gulden.

Um bei weiteren Fehden besser gewappnet zu sein, „rüsteten" beide Kriegsparteien auf. Die Herren von Ow verstärkten ihre Burg mit einer fast zwei Meter dicken Umfassungsmauer. In Ofterdingen befestigte der Ortsadel derer von Herter um 1412 seine Burg ebenfalls. Man vermutet, dass auf ihren Grundmauern die Mauritiuskirche erstellt wurde. Die auffallend dicken Steinquader könnten einst ein Wehrtum gewesen sein. Im selben Jahr fand auch in Nehren eine Verstärkung der Kirchenanlage statt.

Friedrich hingegen beauftragte bereits 1411 die befreundeten Herren von Andeck (Talheim) mit deren Lehensleuten aus Belsen, die Peter-und-Pauls-Kirche mit einer hohen Mauer zu versehen. Die bestehende Umfassung wurde um acht Meter erhöht. Teile dieser imposanten Fluchtburg sind heute noch zu sehen. In diese Zeit würde auch der Bau eines Tunnels oder Wehrganges fallen, der der Legende nach von der Kirche bis zur hundert Meter weit entfernten Burg bestanden haben soll. Tatsächlich wurde 1985 unterhalb der imposanten Restmauer an der Nordseite ein aufwändig gearbeiteter Durchgang

Der aufgeschüttete, einst zehn Meter tiefe Burggraben der Zollernburg. Im Hintergrund die Peter-und-Pauls-Kirche, zu der es der Sage nach einen Gang gegeben haben soll.

entdeckt, der ins Innere des Kirchhofes führt. War dies nur der beeindruckende Zugang zu der Vorgängerkirche, der mit dem Neubau ab 1517 in Vergessenheit geriet? War es die Pforte für einen Wachturm, der über dem Durchgang in der Mauer bestanden hatte? Oder war dies vielleicht der Zugang zu einer Anlage, die nicht nur den Friedhof, sondern ein größeres Areal umfasste? Die Kugelbeer- und die Burgstraßengasse könnten den äußeren südwestlichen Ring um die kleine Zollern-Burg gebildet haben.

Sicher ist, dass die Burg auf einer künstlichen Insel trohnte, von der Steinlach in einem Burggraben umflossen. Der einst von den Fronleuten der Zollern tief in das Gelände getriebene Graben ist heute aufgefüllt, aber noch zu erkennen. Er wächst jedoch immer mehr zu.

Die Zollern beherrschten die ganze Gegend.

Im Keller eines 1856 erbauten Wohnhauses, das auf der ehemaligen Burg steht, sind noch zwei hintereinander gesetzte Gewölbekeller erhalten. Sie könnten zum Teil Überbleibsel des ehemaligen Burgkellers gewesen sein. Im Jahre 1806 hat der Wirt des dort 1643 erbauten Gasthauses „Zur Goldenen Traube" nämlich sein Bierlager baulich erweitert. Sollte der zehn Meter lange Gewölbekeller als Maßstab für die Größe der Burg tauglich sein, ergäbe die Rekonstruktion folgendes Bild: Das parallel zur jetzigen Falltorstraße gebaute einstige Hauptgebäude könnte einen Turm gehabt haben, von dem man den Eingang am heutigen Kugelbeer zur Burg überwachte. Ungefähr dort, wo die neuen Ladengeschäfte stehen, stand vermutlich ein Falltor über dem abgeleiteten Steinlachgraben.

Dieses war aber nicht der Namensgeber für die Straßenbezeichnung. Bevor die Burg errichtet wurde, existierte bis mindestens 1317 an deren Stelle ein Gutshof. Der Verwalter, ein so genannter Maier, hatten den Beinamen „Uolich ze Vallentor" (Ulrich zum Falltor). Das weist auf ein selbst zufallendes Tor zum Schutz der Felder vor umherstreunenden Tieren hin. Das Ende der Burg ist bislang völlig unbekannt. Es ist vorstellbar, dass Friedrich „Fritz" der Öttinger aufgrund seiner Verdienste um die Bevölkerung durch den Bau der Fluchtburg am Friedhof einen bleibenden Eindruck in Mössingen hinterlassen hat. Immerhin gibt es sechs sehr alte Flurnamen, die auf den 1443 auf der Rückfahrt von einer Wallfahrt nach Jerusalem bei Rhodos vermissten Zollern-Grafen anspielen könnten: Der „Fritzenbronnen" beim „Fritzenrain", die „Fritzenrainbrücke", die „Fritzengärten" an der Ostseite der Belsener Oberdorfschule, hinters „Fritzenhaus" ebendort und das „Fritzengässle".

Die Suche nach dem „Ruhrgebiet“ vom Steinlachtal

Entdeckung eines mittelalterlichen Eisenverhüttungsofens

Bagger brachten es durch Zufall an den Tag: Bei Bauarbeiten unweit der Steinlach in der Mössinger Stadtmitte wurde ein mittelalterlicher Eisenverhüttungsplatz entdeckt. Nach dem Fund dieser Ofenstelle verdichten sich die Anzeichen, dass am Fuße der Schwäbischen Alb ein vor rund achthundert Jahren aufgegebenes lang gestrecktes Erz-Abbaugebiet lag.

Was der Archäologie-Student Steffen Killinger im Sommer 2001 beim Blick in eine Baugrube an der parallel zur Steinlach verlaufenden Falltorstraße entdeckte, löste bei der Wissenschaft große Freude aus. Dr. Guntram Gassmann, einer der führenden deutschen Eisenforscher, war hellauf begeistert. Was kaum jemand weiß: nördlich des Albtraufs erstreckte sich ein weitläufiges Erz-Abbaugebiet. Vermutlich reichte der Braunjura-Streifen vom Nördlinger Ries bis zur Wutach. Wie an einer Perlenkette aufgereiht finden sich in unserer Region vom Reutlinger Georgenberg, der Alteburg, Bronnweiler, östlich von Gomaringen über

Schlacke-Klumpen und Scherben-Rest.

den Mössinger Firstwald-Buckel bis zum Hechinger Stadtwald die systematisch ausgehobenen Abtragungsstätten. Sie sind als wenige Meter tief gegrabene Löcher sichtbar, die im Tageabbau systematisch abgetragen wurden.

Nach dem Fund des Hochofens rückt der „Alte Morgen“ bei Belsen plötzlich in die Nähe einer weiteren Eisenerzader. Die auffallenden

In anderthalb Metern Tiefe wurden vom Archäologen Steffen Killinger an der Mössinger Falltorstraße Reste einer mittelalterlichen Eisenverarbeitungsstätte in der Erde entdeckt.

Stammt das Erz u. a. vom „Alten Morgen“?

Unebenheiten und Grubenlöcher sind, nicht wie landläufig angenommen, wegen einer bis Anfang der Siebzigerjahre betriebenen Moto-Cross-Strecke entstanden. Vielmehr ermöglichten die kleinen Hügel erst den Betrieb dieser Sportveranstaltung. Da die Bezeichnung „Alter“ keinen Sinn ergibt, kann es, wie so oft bei Flurnamen, nur um eine fehlerhafte Fortschreibung der ursprünglichen Bezeichnung handeln, die wohl „alde Morge“ (Dialekt) und damit „halde Morgen“ hieß: „Halde“ von aufgeschüttetem (Schlacken-)Hügel und „Morgen“ als Flächenmaß von württembergischen 31,52 ar.

In Metzingen, Sondelfingen, Reutlingen und Ohmenhausen wurden die zu den Erzstätten dazugehörigen Verhüttungsstätten bereits nachgewiesen. Doch südwestlich davon war bislang nichts festzustellen. Mit der Entdeckung an der Steinlach ändert sich das Bild. Durch den Ofenfund wird die bisherige Ansicht widerlegt, dass das Erz über weite Strecken in die Echaz-/Erms-Gegend transportiert werden musste.

Für die beginnende Städte-Entwicklung war Eisen ein unverzichtbarer Rohstoff. Bei sehr hohen Temperaturen jenseits der 1200-Grad-Marke schmolz man Eisen aus den Erzbrocken. Dabei färbt sich der Boden der Arbeitsstätte orangerot. Diese leuchtende Farbe in der Erdschicht führte schließlich zu der Entdeckung. Eindeutige Beweise lieferten schwere Klumpenfunde. Die hühnereigroßen Schlackereste lagen unweit des einstigen Hochtemperaturbereichs.

Gassmann schätzt, dass in Mössingen gut hundert Tonnen Schlacke, also 50 Tonnen Eisen, produziert worden sein könnten. Die gefunden dunkelgrauen Klumpen datiert er ins hohe Mittelalter, also der Zeit zwischen dem 11. und frühen 13. Jahrhundert. Eine Epoche, in der es mit archäologischen Funden bisher ganz dünn aussieht. Die Funde lassen die Aussage zu, dass man an der Steinlach nur ein paar Jahre verhüttet hat. Denn nach dieser Zeit verschwinden die Produktionsstätten. Archäologe Killinger fand in Mössingen Holzpfosten-Löcher, die die Ofenschicht durchstechen. Er datiert sie um die Zeit von 1300 bis 1350, womit sich das Ende der Verhüttung belegen lässt. Gingen die Ressourcen zur Neige? Merkwürdigerweise tauchen im 14. Jahrhundert wieder Urkunden auf, die auf der Ostalb die systematisch betriebene Eisengewinnung belegen. Diese örtliche Verlagerung kann man sich wohl nur mit der Erschöpfung der hiesigen Quellen erklären.

Die Aushubstelle an der Kugelbeer-/Falltorstraße liegt in dem Bereich, wo bis 1317 ein Gutshof stand. Im Jahre 1344 ist dann erstmals von einer „Zollern-Burg" die Rede (siehe Seite 28 ff.). Welcher Zusammenhang besteht zwischen der Burganlage und der Verhüttungsstelle? Wahrscheinlich haben die Adeligen ein Monopol auf das Gewerbe an ihrer Burgmauer gehabt oder es zumindest kontrolliert.

Wo wurden die Tonnen von Eisen zu Schwertern, Beschlägen, landwirtschaftlichen Geräten, Handwerkszeug oder Schlüsseln geschmiedet? Auch in Mössingen, einem somit frühen Mittelzentrum der „Schwerindustrie"? Dazu gibt es noch keine Funde. Oder steckt hinter der Bezeichnung „Luppach", im Altort Belsen und in Nehren ein Hinweis auf Schmieden in „Luppe"; was der teigige Stahl ist, der bei der Vermischung von Holzkohle und Stahl im so genannten „Rennfeuer" entsteht.

Könnten in den verschwundenen Siedlungen „Buch" und „Sankt Johannisweiler", die in Zusammenhang mit den Flur- und Familiennamen „Köhler" stehen, die Holzkohle-Produktion für die Öfen vonstatten gegangen sein?

Was die Entdeckung in Mössingen so bedeutungsvoll macht, ist der Zusammenhang zwischen den Erzadern und der beginnenden Stadtentwicklung unserer Gegend. Eisen-Experte Gassman fällt auf, dass sich entlang der Erzabbaugebiete gehäuft alamannische Orte (Endung „-ingen") befinden, vor allem früh aufstrebende Städte wie Metzingen, Reutlingen und Hechingen. Ließe sich gar bei weiteren Ofen-Entdeckungen die heute geografisch schwer nachvollziehbaren Machtbereich-Ausdehnungen der Adelshäuser, wie die der Zollern, durch die von ihnen entdeckten Erzvorkommen erklären?

Wurden die Zollern so mächtig, weil sie den Erzabbau kontrollierten?

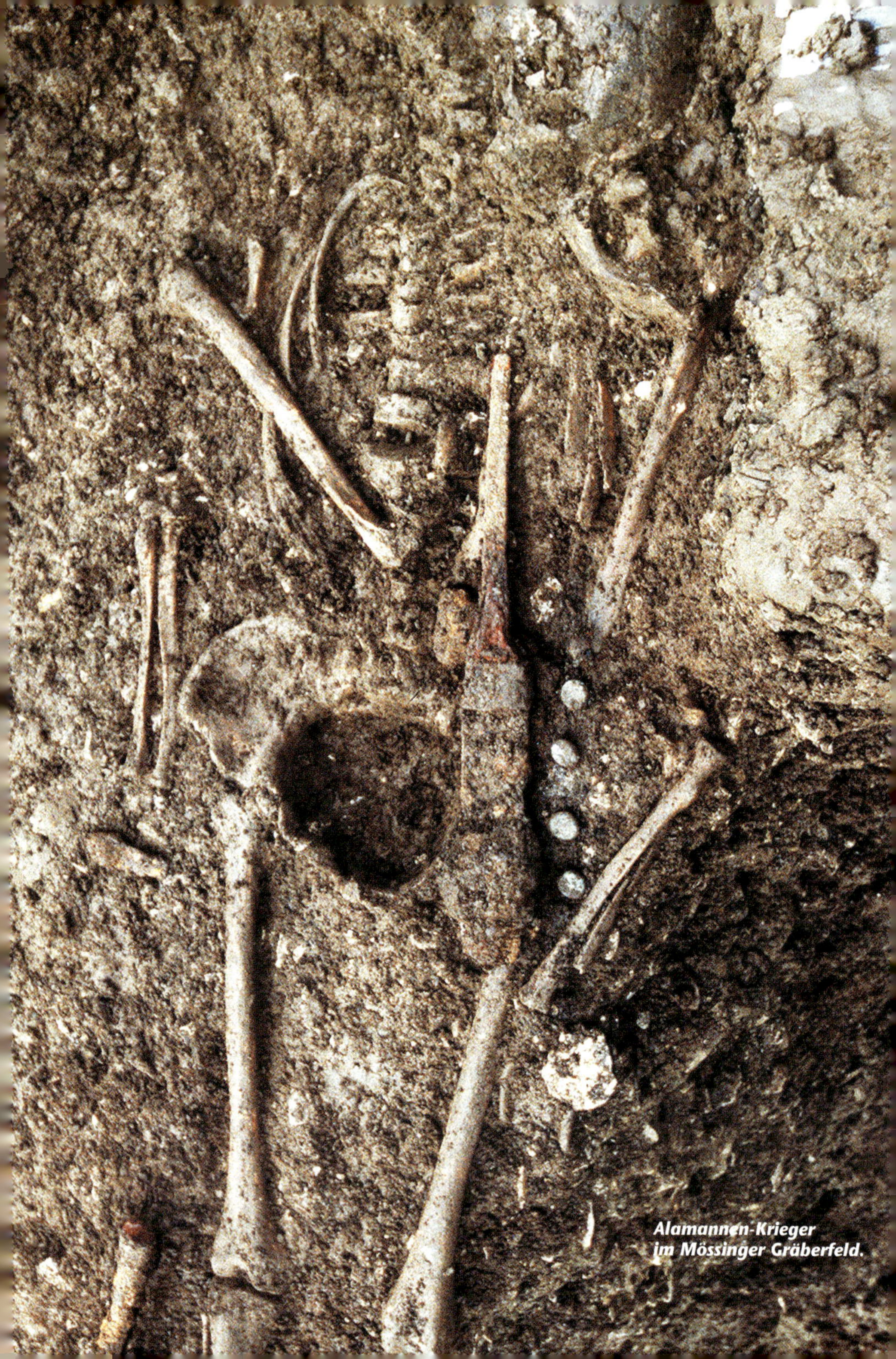

Alamannen-Krieger
im Mössinger Gräberfeld.

Das Grab des Stammesfürsten

Wo ist die letzte Ruhestätte des Gründers von „Masginga"?

Es war ein glücklicher Zufallsfund. Während der Sommermonaten 2001/02 stieß man bei Bauarbeiten auf einen Friedhof aus der Alamannenzeit; auf die Skelette von Kriegern und Frauen. Und nicht nur in Mössingen hofft man eines Tages auf die große Entdeckung. Auch jede andere einstige Alamannen-Siedlung in der weiteren Umgebung hat noch große Schätze im Boden verborgen, die nur darauf warten, von Archäologen ausgegraben zu werden: Die reich bestückten Gräber der Stammesfürsten. Der Sensationsfund eines Pferde-Skeletts im Juli 2002 lässt hoffen, dass der dazugehörige hohe Würdenträger auch noch gefunden wird.

Wir schreiben das Jahr 235. Der Offizier Maximinus Thrax wird zum Soldatenkaiser gekrönt. Er dringt über den Rhein und den Limes nach Germanien ein, kann aber nicht verhindern, dass die Stämme in den Folgejahren die römischen Besatzungsgrenzen überschreiten und sogar bis vor die Tore Roms kommen. Ab 260 beginnen die Römer Südwestdeutschland aufzugegeben; die Reichsgrenze verläuft entlang dem Rhein und am Südufer des Bodensees entlang der Iller bis zur Donau. Zwischen dieser Südgrenze und dem einstigen Limes lag nun teilweise verwüstetes Dekumatland; die römischen Gutshöfe von plündernden Germanenstämmen zerstört. In dieser Zeit vergruben die fliehenden Provinzialrömer, oder auch die, die sich einen Wegzug nicht leisten konnten, ihren wertvollsten Besitz. Und deshalb stammen aus dieser Zeit auch die meisten Schatzfunde, auf die man immer noch stößt.

Nach den unruhigen Jahren begann bei den Germanen die Besiedlung des nun „römerfreien" Südwestdeutschlands. Zunächst am Main, dann immer weiter südlicher. Dabei wurden die verlassenen „villae rusticae" oftmals als neue Siedlungen aufgebaut. Es beginnt die Zeit der Ortsgründungen, die wir heute als „-ingen" kennen. Vermutlich ist das auf den Sitz einer Gerichts-, einer Thing-Stätte zurückzuführen, während die Vorsilbe Bezug auf das Stammes-Oberhaupt nimmt. In Mössingen könnte es sich um einen „Masso" gehandelt haben.

Um das Jahr 289 taucht zum ersten Mal die Bezeichnung „alamanni" in einem römischen Gedicht auf. Ab dem 4. Jahrhundert stellen sich einzelne Alamannen, später ganze germanische Teilstämme ihren einstigen Feinden als Söldner zur Verfügung. Andere Stämme indessen bekämpften wiederum den Erzfeind. Erst 378 gelang es dem Kaiser Valentinian das Alamannengebiet zu befrieden. Bei Horburg im Oberelsass kam es im Winter zu einer großen Schlacht, bei der 40.000 Alamannen aus allen Gauen gegen die siegreichen Römer verloren.

Im fünften Jahrhundert gerieten die Alamannen mit den jetzt links des Rheines angrenzenden Franken aneinander. Bei Zülpich schlug König Chlodwig 497 unsere Vorfahren und gliedert den Süden ins Frankenreich ein. Es folgten Aufstände der alamannischen Herzöge, bis 746 in Cannstatt die Führungsschicht von den Franken ermordet und das Ende dieser selbstständigen Stämme besiegelt wurde.

Von da ab werden die archäologischen Quellen immer weniger, die Grabfunde bleiben aus. Durch die Missionierung der Bevölkerung werden die Reihenfriedhöfe außerhalb der Siedlungen und die Beigaben aufgegeben. Nun entstehen Bestattungsplätze bei den Pfarrkirchen.

Der Reihengräberfriedhof

Die in Mössingen angeschnittenen Gräber sind Teil eines rund 100 auf 130 Meter großen Reihenfriedhofs östlich des Schulzentrums, mit geschätzten 500 Skeletten. Vermutlich entstand er um 550. Die Ske-

Fund eines ausgeraubten Frauengrabs aus dem 7. Jahrhundert.

lett-Funde sind jüngeren Datums, vermutlich aus dem 7. Jahrhundert. Die Männder müssen zu einer oberen Schicht des Ortes gehört haben. Sie waren ausgestattet mit einer Lanze, Kurzschwert, der sogenannten Sax, und Überresten der Schwertscheide, teilweise verziert mit bronzenen Nieten.

Die Schwertscheide eines Alamannen-Kriegers.

Ein Frauengrab war bereits vor vielen hundert Jahren durchwühlt worden; die Knochen lagen durcheinander. Nur eine Glasperle hatten die Grabräuber vergessen. Die Toten lagen mit Blick gen Osten bestattet in rund einem Meter Tiefe.

Immer wieder wurden bei Bauarbeiten in dem Gebiet Gräber angeschnitten. Meistens verschwanden die Funde in den Aushuben der Bagger oder gingen durch die Hände von Sammlern, ehe Fachleute zur Stelle waren. Die Dunkelziffer ist hoch. Bereits 1922 entdeckte man zwanzig Gräber in der Berggasse. Hiervon sind teilweise Funde gesichert, darunter eine Kanne. Ein Souvenir, Kriegsbeute oder Tauschware aus dem italienischen Raum um 600.

In den Sechziger- und Siebzigerjahren fand man in der Lessingstraße beim Häuserbau weitere „Streufunde“, ein außergewöhnliches Etagengefäß, eine metallene Pfeilspitze und einen Schildbuckel. Die Anzahl der Gräber ist völlig unbekannt. Da auch von der Lehr, der Straße ortsauswärts Richtung Öschingen, alte Fundstellen bekannt sind, gibt es noch viele Rätsel. Vermutlich lag Ur-Mössingen zwischen diesen beiden Reihengräbern. Irgendwo an der Steinlach. Irgendwo unter der Erde müssen die reich ausgestatteten Grabstätten der Führungsschicht liegen. Nur der Zufall wird sie eines Tages an Licht bringen.

Hinter jedem Stück, das nach 1.500 Jahren wieder in die Hand von Forschern kommt, steckt ein Puzzlestück, das uns vielleicht am Ende ein ziemlich genaues Bild von den Menschen gibt, über die wir noch so wenig wissen, die aber unsere Siedlungen nicht nur gegründet, sondern unsere unmittelbaren Vorfahren und somit auch Verwandten sind.

Hügel und Wälle einer Festung
am Öschenbach

Militärposten am Öschenbach?

Wer baute eine Wehranlage am Öschinger Ortsbeginn?

Sie taucht in keiner uns bekannten Urkunde auf und hat doch eindrucksvolle Narben in der Natur zurückgelassen: Eine Burganlage am Öschinger Öschenbach. Residierte hier vielleicht der Dorfadel? Kontrollierte man am Ortsbeginn den alten „Heerweg“ durchs Tal oder gar den Albaufstieg?

Es war der einfachste Albaufstieg weit und breit: Am Öschenbach entlang, im Süden vom Filsen-, im Norden vom Roßberg flankiert, erreichte man in einem leicht ansteigenden Weg die Hochfläche bei Genkingen. Es ist das Jahr 74, als die Römer das Neckargebiet beginnen zu unterwerfen. Auf der Landkarte liegt Öschingen genau in der Mitte der Luftlinien-Achse der Legionslager Straßburg und Augsburg, dazwischen die Kastelle Sumelocenna (Rottenburg) und Clarenna (Donnstetten), ebenso bedeutende Stützpunkte in Burladingen und Gomadingen. Die Römer werden ihre Albaufstiege nicht auf Urach und das Killertal begrenzt haben. Am Fuße dieser alten, vielleicht schon vorchristlichen Route auf die Alb, am nordwestlichen Rand von Öschingen, sticht ein hügeliges Gelände sofort ins Auge. Die nach Norden hin abfallende Fläche wird von Landwirten seit Generationen als Acker genutzt. Der rechteckige Grundriss misst rund 60 × 30 Meter. Das Gelände hebt sich aber wegen der steilen, mannshohen Böschung von der Umgebung ab.

Die Anlage südlich des Öschenbachs ist von großen Gräben mit einst als Außenbefestigungen genutzten Wällen umgeben. Wenn man sich von Öschingen von der Untergasse her nähert, wird der Hügel im Süden von einem rund einen Meter tiefen Graben begrenzt. Ein Feldweg führt dort entlang, wo einst die östliche Grabenbegrenzung war. Vom Firstberg betrachtet, sieht man zunächst einen noch rund einen Meter hohen Wall, danach einen verflachten Graben und schließlich den durch stetiges Pflügen verschleiften Hügel.

Von Mössingen aus gesehen macht sich ein 2,5 Meter tiefer Graben auf. Vor dieser Mulde lag, durch einen etwa zehn Meter breiten Wall getrennt, ein zweiter Graben. Er hat eine Tiefe von rund drei Metern. Sein Querschnitt ist trogförmig und sieben Schritte breit. Dieser äußerste Graben läuft bis zum Bach im Norden.

Die durch den Pflug zu Tage gebrachten Steine stammen nicht alle aus der geologischen Zusammensetzung des Tals und sind ein Beleg dafür, dass hier „importierte“ Reste von Baumaterial liegen. Möglicherweise ist die Anlage viel größer und dehnte sich sogar nördlich über den Bach aus. Grabungen gab es bislang keine; aber ohne Scherben- oder gar Münzfunde kann man über die Bedeutung dieses Burgstalles nur Vermutungen anstellen.

Stand hier ein römischer Militärposten an der Heerstraße, schon 1522 als „Heerweg" von Mössingen kommend als uralte Route auf die Alb genannt? Lässt das Ausmaß der Anlage auf den Vorläufer einer Raststätte, einer Pferdewechsel-Station schließen?

Nach dem Fall des Limes durch die um 260 von Norden her einbrechenden Alamannen verlief die germanische Grenze plötzlich am Albrand. War die Anlage ein strategisch wichtiger Talschluss oder ein fränkischer Gutshof im achten, neunten Jahrhundert? Vom Bau der Anlage am Öschenbach ist es eher unwahrscheinlich, sie vor das Jahr 1100 zu datieren.

Der alte Heerweg lief parallel zur heutigen Straße am Öschenbach entlang Richtung Albaufstieg durch Öschingen.

Vielleicht entstand die Wehranlage auch viel später. In einem Lagerbuch von 1522 erscheint der Flurname „in der Kelter, an Schencken Bömgarten, genannt Schenckenbomgarten am gmainen Fluß". Dann wäre namentlich ein Bezug zum Geschlecht derer von Andeck hergestellt. Doch die saßen, so glaubte man bislang, eigentlich von mindestens 1282 an auf ihrer Burg bis 1400, ehe sie nach Talheim hinabzogen. Gleichwohl hatten sie in Öschingen Besitz. Anno 1332 verkaufte Schenk Werner von Andeck „von Hogge und Gerung Färwer eine Gült von 34 lb. hlr."

Ältester bekannter Ortsherr von Öschingen ist Albrecht von Stöffeln, der 1328 den Flecken sein Eigentum nennt. Ab dieser mit Ur-

Eine mit Wällen gesicherte Anlage im Öschenbachtal gibt den Historikern Rätsel auf.

kunden halbwegs abzudeckenen Zeitepoche gibt es keinen Hinweis auf eine Burg im Ort. Nun könnte man vielleicht die folgenden als Zeugen in Urkunden aufgetauchten Geschlechternamen mit einem am Öschenbach residierenden Ortsadel in Verbindung bringen: Marquards von First zu Öschingen (1304), Marquards von Eschingen (1308), Konrad des Eschingers (1314) oder Hans des Eschingers (1362). Entweder es sind allesamt Verwandte der Herren, die oben auf der Burg First lebten, sich zwar vielleicht nach dem Dorf nannten, aber weitgehendst einen anderen Herrschaftsbereich verwalteten. Oder sie gehören zu den Stöfflern und sind mit ihnen sogar identisch. Konrad der Eschinger beispielweise ist mit hoher Wahrscheinlichkeit kein anderer als Konrad der Stöffler. 1381 ging Öschingen an Zollern, danach 1415 in württembergischen Besitz.

Auch eine Alternative sind die Herren von Ow: Am 11. Dezember 1406 wird ein Auberlin (Albrecht) von Ow als Lehensträger belohnt „mit dem Hof zu Eschingen und allem seinem Zugehör und den Wiesen im Salach und Ebach“. Dieser Auberlin siegelt 1416 als „von Ow von Eschingen“. Dann, 1431, „Albrecht von und zu Eschingen. 1436 ist (sein Sohn) „Albert von Ow, seßhaft zu Eschingen, genannt der Gnapper“ erwähnt. Am 6. März 1446 belehnt Erzherzog Albrecht von Österreich den Albrecht von Ow „mit dem Hof zu Öschingen nebst Zugehör“. Das nicht näher beschriebene Anwesen, bei dem es sich um den Burgstall handeln könnte, wird 1483 an dessen Sohn Hans I. übertragen. Danach nennt sich die Sippe nicht mehr nach dem Ort.

Welche Geheimnisse verbergen
sich im „Köbele“ unterhalb
der Öschinger Kirche?

König Artus und die Burg im „Köbele"

Lebte einer der bedeutendsten Schriftsteller des Mittelalters in Öschingen?

Unwissentlich von den Anwohnern als Garten genutzt, erhebt sich nordöstlich der Öschinger Kirche inmitten des Ortes ein Burghügel mit Gräben und Wällen. Erst jetzt wurde in der Rückwand einer Scheuer eine große Mauer entdeckt, die vermutlich zu der Anlage im „Köbele" gehört, wo ein Kapelle stand. Hier könnte um das Jahr 1300 Konrad von Stöffeln gelebt haben, der den bedeutenden Artus-Roman „Gauriel von Muntabel" geschrieben haben soll.

Nordöstlich der 1813 auf einer Anhöhe erbauten Pfarrkirche zieht sich ein rund sechs Meter breiter Graben, einem Knick im Hang folgend, von den Häusern der alten Oberdorfgasse bis fast zur Falkenstraße nach Osten. An der Nordseite dieses vielleicht auch natürlichen Grabens liegt, also siebzig Meter unterhalb der Martinskirche, ein Burghügel und ein Graben.

Der Hügel, das so genannte „Köbele", hat einen quadratischen Grundriss mit steilen Böschungen. Ungefähr 12 × 14 Meter misst das Geviert. Gegen den Graben an der Ostseite ist der Hügel fast vier Meter hoch. Die Nordseite ist wallartig um 80 Zentimeter erhöht.

Außer gegen Süden, also der Seite zur Kirche hin, sind Gräben um den Hügel gezogen. Anderthalb Meter tief ist dieser im Osten, die Breite liegt bei über zwei Metern. Am Außenrand erhebt sich zusätzlich noch ein Wall. Gegen Westen liegt der Graben in den Gärten der benachbarten Häuser, wo er größtenteils abgetragen wurde.

Mit diesem Gelände glaubte man bislang, den vollen Umfang der letzten Reste der dort stehenden mutmaßlichen Burg lokalisiert zu haben. Nun hat aber der neue Besitzer des westlich des Hügels stehenden Wohnhauses Nr. 41 eine überraschende Entdeckung gemacht: Seine angebaute Scheuer, die parallel zu dem langen Graben von der Bolberg- zur Falkenstraße steht, hat eine Rückwand, die sich von den anderen drei Seiten unterscheidet. Offensichtlich wurde der alte Schuppen an eine bestehende Mauer angebaut. Über vier Meter hoch zieht sich das äußerst stabile und auffallend breite Bauwerk noch zehn Meter in die Länge. Vermutlich sind auch die rückseitigen Grundmauern des Wohnhauses auf den Fundamenten dieser Mauer erbaut. Und wahrscheinlich fände sich auch eine Mauerverlängerung in die andere Richtung, auf den Burghügel zu. Die gegenüberliegende Seite, der steile Anstieg der Moserstraße, hieß früher „Burren". Deutet dies auch auf den Teil einer Burg hin?

Eine Frühmesskaplanei

Der Flurnamen „Frühmessbaumgärten“ in diesem Bereich steht mit der Stiftung einer „Frühmesskaplanei Mariae und Christoferi“ in Zusammenhang, die 1407 erstmals Erwähnung findet. Am 17. Januar stiftete der Talheimer Contz Mayer etliche Güter im Wert von 15 1/2 Hellern der Frühmesse. Stand hier eine Art Hauskapelle eines herrschaftlichen Anwesens? Am 5. 12. 1435 beurkundete ein Wilhelm von First, damaliger Herr der gleichnahmigen Burg, eine weitere Stiftung an die Frühmesse. Das könnte bedeuten, dass die Sippe derer von First, deren Burg mindestens seit 1092 auf dem Schlossbuckel (östlich des Mössinger Firstwaldgymnasiums) stand, auch fortan Besitzer der Kaplanei waren.

Ungewöhnlich massive Fundamente für ein einfaches Bauernhaus. Stand hier ein Kloster?

Vier Priester sind bekannt, die hier Dienst taten: Zunächst Maximinus Böshans Wagner de Mössingen (in Tübingen immatrikuliert 1504). Dessen Einsetzung wurde ebenfalls von einem (Ernst) von First betrieben. Dieser Ernst – am Rande bemerkt – leitete als Hauptmann zwei „Tübinger Fähnlein“ der württembergischen Armee gegen die aufständischen Bauern des „armen Konrad“. Am 1. 8. 1515 besetzte der Öschinger an der Seite seines Freundes Herzog Ulrich die Stadt Schorndorf und jagte „die Rebellen“, die er nicht als gleichwertige Gegner ansah, unerbittlich aus dem Remstal.

Die nachfolgenden Priester der Frühmesse waren Konrad Staiger von Ofterdingen (1513), dann 1522 Peter Mayer von Erzingen und schließlich Urban Messerschmied von Meßkirch (1531). Alle drei wurden von den mittlerweile mit den Herren von First versippten Ow zu Öschingen ins Amt eingesetzt. Nach der anschließenden Reformation bekam offenbar die Gemeinde das Anwesen als Erblehen um 1555.

Die 1275 erstmals erwähnte Dorf-Pfarrei hat also mit der Frühmesskaplanei nichts zu tun. Nur ihr Standort ist umstritten. Die Vorgängerin der heutigen Martinskirche könnte einerseits westlich des Ortes bei der Mühle gestanden haben, andererseits mit der 1590 erwähnten „Friedhofskirche“ identisch sein. Sicher ist nur, dass 1386 die Kirchenheiligen Sankt Martin und Nikolaus in Öschingen genannt sind.

Konrad von Stöffeln

Wer aber hat nun die Burg (mit der Kaplanei?) am „Köbele“ gebaut und bewohnt? Unterstellen wir mal, dass die Herren von First/von Ow ab 1400 als Bewohner am ehesten in Frage kommen, weil sie nach dieser Zeit, durch Erbteilung bedingt, nicht alle gleichzeitig auf der Burg wohnen konnten. Bleibt noch immer der Zeitraum davor abzuklären. Als ältester bekannter Ortsherr von Öschingen gilt Albrecht von Stöffeln um 1348, als er „aus seinem Dorf“ Güter an das Kloster Alpirsbach spendiert. Ob er noch am Fuße der verkauften Gönninger Stammburg wohnte, oder in Öschingen logierte, ist nicht klar. Im 14. Jahrhundert tauchen sporadisch weitere Dorfadelige auf (Marquarts de Eschingen, 1308; Konrad de Eschingers, 1314; Hans de Eschinger, 1362), denen man bislang keine entsprechende Behausung zuordnen kann.

Beim Blick auf die Dorfadeligen fällt auf, ob Konrad de Eschinger nicht identisch mit Konrad von Stöffeln sein könnte, der sich eben nicht nur nach seinem Dorf nennt, sondern auch dort wohnt. „Unser“ Konrad ist, obwohl es mindestens fünf Stöffeln gleichen Vornamens in den Gönninger und Metzinger Linien gibt, durch die Jahreszahl einzuorden und wissenschaftlich belegt (Irene Göhler, „Die Herrn von Stöffeln“, 1999). Er ist mit größter Wahrscheinlichkeit der Verfasser des unter Pseudonym geschriebenen berühmten Artus-Romans „Gauriel von Muntabel“.

Der Artus-Roman

Im Jahre 1300 müssen die drei Brüder Albrecht, Kuno und Konrad mit ihrer verwitweten Mutter Adelheid die Burg Stöffeln und Gönningen an Württemberg abtreten. Als Gegenleistung werden den Brüdern materielle Absicherungen zugestanden, die zwar für den Gönninger Besitz aufgezeichnet sind, aber für Öschingen fehlen.

Möglicherweise ist dieser Konrad identisch mit dem 1295 in der Universität Bologna eingeschriebenen „comes de stophelen“. Dann hätte er am ehesten das Profil „eines gebildeten und viel belesenen Mannes, der über rhetorische Kenntnisse verfügte, vielleicht sogar, wenn man die Selbstbezeichnung Meister als Magister verstehen kann, studiert hat und sich als Kenner der volkssprachlichen, weltlichen Dichtung des Mittelalter ausweist.“ (Dr. Wolfgang Achnitz, „Gauriel von Muntabel“, 1997)

Erst jetzt in der Rückwand einer Öschinger Scheune „entdeckt“: Die Mauer einer verschollenen Burganlage.

Artus, sagenhafter König der Briten, ist zwar historisch umstritten, gesichert ist jedoch, dass er als Regionalfürst um 500 eine Invasion der Sachsen abwehrte und wohl 537 in der Schlacht von Camlan fiel. Die Artussage (Merlin, Tafelrunde, Suche nach dem Gral) mit ihren Wurzeln in der keltischen Mythologie wurde im Mittelalter mehrfach aufgegriffen und erweitert. Neben dem berühmten Wolfram von Eschenbach (1210) hat auch um 1300 ein anonymer „Ritter mit dem Bocke“ die Artus-Legende in Worte gefasst. Da der (Stein)-Bock das Wappentier der Stöffler im 15. Jahrhundert ist, würde auch damit einiges für Konrad als Autor sprechen. Lexikographische Indizien belegen, dass in dem Artus-Roman „Gauriel“ Wörter verwendet wurden, die nicht vor 1300 bekannt sind. Reimtechnisch lässt sich, so der Stöffler-Experte Achnitz, sogar die schwäbische Herkunft des Autors festmachen.

Wenn nun Konrad von Stöffeln identisch mit Konrad de Eschinger ist, wird er nach dem Verkauf der elterlichen Burg und Beendigung des Studiums in Italien (er siegelt nach 1300 in seiner Heimat einige Urkunden) vermutlich auch in Öschingen gelebt haben. Die Wohnstätte dieses bedeutenden Schriftstellers könnte das „Köbele“ gewesen sein.

Templer-Orden

Eine Wallfahrtskapelle, dem Sankt Antonius gewidmet, stand an der Kreuzung der Wege nach Gomaringen und Gönningen. Sie wird 1479/85 erwähnt. Die Bezeichnung „Auf der Kappel“, am westlichen Ende des Dorfes deutet auch auf einen einstig frommen Ort hin. Die

Warum blieb das „Haus Tempel“ im Dreißigjährigen Krieg verschont (hier der Keller). Kam hier die Loge der Tempel-Ritter zusammen?

zuletzt als Wohngebäude im Mühlberg benutzte kleine Stätte (gegenüber Mühlbergstraße 6) wurde 1580 erstmals erwähnt und 1954 beim Straßenbau leider abgerissen. Vermutlich war sie mit der früher genannten „Kapelle im Dorf“ identisch. Ihre Funktion ist nicht geklärt.

Offenbar gehörte die „Kappel“ mit drei weiteren, vermutlich von religiösen Organisationen genutzen Gebäuden zu den einzigen, die im Dreißigjährigen Krieg weder beschädigt noch niedergebrannt wurden. Im Februar 1648 legten abziehende Franzosen im Ort Feuer, wobei 27 Häuser gänzlich abbrannten. Eines der verschont gebliebenen Gebäude ist das „Haus Tempel“ im Oberdorf.

Vermutlich nicht ohne Grund. Die außergewöhnlich soliden Grundmauern des Hauses schließen gewöhnliche Leute als Bauherren aus. Am ehesten lässt sich das volkstümlich überlieferte „Tempel“ vom Orden der Tempelritter ableiten. Einer (so wird behauptet) bis heute im Verborgenen agierenden Loge. Während der Kreuzzüge als militärischer Orden gegründet, müssen die Templer bei gezielten Grabungen unter dem Jerusalemer Tempel auf etwas gestoßen sein, was ihnen binnen kürzester Zeit zu ungeheurem Wissen, gewaltigem Vermögen und großer Macht in Europa verhalf. Als der Templer-Orden der katholischen Kirche zu mächtig wurde, zerschlug sie ihn zu Beginn des 14. Jahrhunderts. Deren Besitz ging an kirchentreue Anhänger und an die Johanniter über. Daraus ist ersichtlich, welche Gebäude vormals im Besitz der Templer gewesen sind.

Merkwürdigerweise fällt der bis heute nicht geklärte Untergang der Tübingern Pfalzgrafen und der Stöffler auch in diese Zeit. Unterstellt man den Stöfflern aufgrund ihrer ausgezeichneten Bildung (ein Schriftsteller, ein Astronom) zumindest Verbindungen zum Templer-Orden, könnte man einen Zusammenhang mit diesem „Haus Tempel" in deren Dorf herstellen.

Merkwürdige Kapellen-Häufung

Auffallend ist auf alle Fälle, dass nicht nur der „Tempel" massiver gebaut war. Denn ebenso die von Feuer verschonte, eingangs erwähnte „Kapell" sowie zwei weitere unbeschadete Bauten haben meterdicke Mauern. Einerseits das gegenüber der Wirtschaft zur „Krone" befindliche „Kloster". Nach dem Flurnamen „Siechenhuslin" gilt der Sitz einer Beginenklause als wahrscheinlich. Diese nach ihrer graubraunen (beige) Tracht benannten Frauen schlossen sich ohne bindendes Gelöbnis zu einer klosterähnlichen Gemeinschaft zusammen. Sie pflegten Ausgestossene; in Öschingen könnte demnach eine Art Leprosenhaus gewesen sein. Auch sie wurden von der katholischen Kirche wegen Symphatie mit der Laienbewegung als „Häretiker" bekämpft und im 14. Jahrhundert zerschlagen.

Dann gibt es noch das „Klauschter" (auch Kloster), Eckgebäude der Bohlbergstraße 40 zur Dürrerstraße. Der von der Straße her zugängliche Keller ist nach dem Umbau noch erhalten geblieben und erstaunt ob seiner fast einen Meter dicken Mauern. Das Gebäude steht gegenüber dem Zugang zum „Köbele". Was es mit diesem „Kloster Nr. 2" auf sich hat, liegt auch im Dunkeln. Ihre Standorte verleiten zu geografischen Denkspielen. Waren es „Eckpunkte" eines geistlichen Zentrums?

Wenn man der Ordens-Theorie weiter Glauben schenken will, ist es denkbar, dass freimauerische Offiziere der brandschatzenden Franzosen diese Gebäude absichtlich verschonen ließen – oder sie hielten wegen ihrer massiven Bausubstanz einfach der Zerstörung stand.

Christian Lang am mutmaßlichen Grab des „Aare".

Das sagenumwobene Grab des „Aare"

Wie uralte Wodanskulte am Albrand weiterleben

Am Albrand ist die vorchristliche Zeit mit ihren Mystererien und Naturgötter-Verehrungen nach zwei Jahrtausenden immer noch im Bewusstsein der Bevölkerung verwurzelt. Noch heute hören die Altvorderen im Frühjahr „Wodans Heer" und glauben den „Aare" auf seinen Schimmeln „hinauffahren" zu sehen.

Während die antiken Götter für jeden Rom- oder Athen-Reisenden in unzähligen Bauwerken bildlich überdauert haben, gibt es von der Mythologie in unserer Gegend so gut wie keine Abbildungen. Das hängt nicht nur mit den fehlenden Tempelbauten, sondern mit der frühen Christianisierung zusammen. Die Bekehrung und Taufe der den germanischen Wodanskulten huldigenden Bevölkerung durch römische oder fränkische Missionare folgte eine Austilgung des alten Götterglaubens oder deren Vermischung.

Papst Gregor I. der Große (590–604) schrieb an seine Äbte: „Die Heiden sollen nicht mehr dem Teufel Tiere opfern, sondern sie zum Lobe Gottes zur Speise schlachten ... So muss auch diese Sitte zu irgendeiner christlichen Feierlichkeit umgewandelt werden ..."

War der Rafnach-Berg die letzte Ruhestätte eines Alamannen-Kriegers am Albrand?

So erklären sich die auffallenden Ähnlichkeiten des Wodan-/Wotan-Kults mit denen der kirchlichen Jahresfeste, Heiligen und Bräuche. „Wodan“ (oder im Nordischen auch „Odin“) war germanischer Himmelsgott, Kriegs- und Totengott und Gott der Rutenweisheiten. Als Windgott schuf er zudem die ersten Menschen, hauchte ihnen den Atem, die Seele und das Leben ein.

Unsere heidnischen Vorfahren feierten den Frühling, an welchem Wodan mit seinen entleibten Seelen zur Menschenwelt zurückkehrt. Dass zu dieser Jahreszeit auch einer germanischen Göttin „Ostara“ gedacht wurde, von der sich angeblich unser Ostern ableitet, ist umstritten. Der Benediktinermönch Venerabilis behauptete um 700, dass die Angelsachsen den April als „esturmonath“ bezeichneten und dabei der Göttin „Eostra“ huldigten. Sagenforscher Jacob Grimm schrieb, dass die Germanen sie „Ostara“ nannten und sie als Göttin des Lichts verehrten, da deren Bezeichnung für das Frühjahr „ostarmanoth“ lautete.

Auf den heidnischen Brauch „Ostern“ hätte die Kirche gemäß Papst Gregor das „Auferstehungsfest“ gelegt.

Sprachwissenschaftler Jürgen Udolph liest aus „Ostern“ jedoch das nordische „ausa(vatni)“, was „schöpfen“ bedeutet und auf eine Taufsitte hinweist. Die Taufe sei schließlich in der großen Missionierungszeit die wichtigste gottesdienstliche Handlung gewesen – und zwar zur Osterzeit, wo Tod und Auferstehung beisammen liegen.

Das Rauschen vom „Mutes-Heer“

Auch „Wodan“ hat sich uns im Frühjahr überliefert. Wenn die einbrechenden Frühlingswinde über die Gipfel des Albrandes rauschen, glauben die alten Leute noch „Wodans (Seelen-)Heer“ zu hören, örtlich als „Muotes“ oder „Mutes“ Heer bezeichnet. Dann erscheint die Gottheit auf ihrem Pferd „Sleipnir“ am Horizont: „Wodans“ Rückkehr zum Leben, als Wiedergeburt und Auferstehung der Toten. Noch heute ist er Bestandteil unseres Wochenkalenders, der „Wodanesdag“ oder „Wednesday“.

In einer Ausgabe von 1895 der Blätter des Schwäbischen Albvereins berichtet ein W. Schneider von seiner Jugend in Öschingen:

„Dort erzählten wir uns als Knaben vom alten Wodan, aber merkwürdigerweise unter dem Namen Aare... Um einander zu ängstigen brauchte man nur zu rufen: Der Aare kommt! oder: Das Mutes-Heer kommt!“

Dann beschreibt der Mann jene unwillkürliche Unterwerfung unter die Gottheit:

„Das Sich-Hinlegen auf die Erde und Sich-Festhalten an einem Pfahl oder Baum machten wir des Öfteren. Und bei stark erregter Phantasie sauste es gewaltig durch die Luft.“

Ganz offensichtlich hat die Gottheit besonders in Öschingen auch wahrhaftige Gestalt angenommen. Noch 1908 waren laut Pfullingens Stadtpfarrer Maier Grabhügel bekannt, die man „Aareshügel" nannte. Dieser „Aare" soll „sein Grab auf dem Eichberg oder auf dem Berg über den Allmandteilen des Genkinger Eichplatzes haben".

Das wäre das 855 Meter hohe Undinger „Härdtle".

Doch der 75 Jahre alte Matthias Schneider meinte, „der Aare habe sein Grab nahe dem geheimnisvollen Meisenbühl im Kastental. Er wisse den Platz ziemlich genau, das sei ein böser Platz, es wachse nichts daselbst."

Der Grabräuber vom „Rafnach-Berg"

Lange Zeit galt dieser Ort als Ausgeburt der Phantasie und nicht lokalisierbar. Nun führte die Spur über die Flurbezeichnungen auf das sagenumwobene Hügel-Grab: Die Anhöhe des 750 Meter hohen „Rafnach", unterhalb des Bolberges. Diese altgermanische, bislang nicht entschlüsselte, sonderbar rechteckige Hochfläche war im Zweiten Weltkrieg gar für einen Flugplatz gehalten und bombardiert worden. Aus der ehemals mit Orchideen übersäten Hochfläche ist mittlerweile ein Tannenwäldchen herangewachsen.

Wie man sich erzählt, hat im Schutze dieser Bäume jemand heimlich Grabungen durchgeführt und dabei einen von vermutlich mehreren kleinen Hügeln geöffnet. Es soll sich dabei um die zum „alamannischen Fürstengrab" gewordene letzte Ruhestätte des „Aare" gehandelt haben. Offenbar hat der Unbekannte, nachdem er die Grabbeigaben entwendet hat, die Grube wieder zugeschüttet.

Wenn dieser „Aare" tatsächlich einst gelebt haben sollte, muss er den Leuten wohl über Jahrhunderte in schlechter Erinnerung gewesen sein. Immerhin erzählt man sich von diesem mutmaßlichen Alamannen-Krieger, der als personifizierte „Wodans"-Gestalt gilt, allerlei Schauergeschichten:

„Am Hohenstein, einem grauen Kalkfelsen, der sich an der Nordseite des Bolbergs erhebt, fährt Aare mit seinen vier prächtigen Schimmeln um den Stein. Gesehen haben ihn schon viele, aber keiner recht; denn wenn er auffährt, soll man nicht hinschauen. Er flößte uns viel Angst ein", erinnerte sich anno 1895 der Öschinger W. Schneider.

Noch heute erzählt man den Kindern in Öschingen „von einem grausamen Ritter, der auf seinem Schimmel mit feurigem Schwert und seinem Kopf unterm Arm auf den Rafnachwiesen mit seinem Gefolge umherreitet und auf dem neunten Allmandteil auf Rafnach begraben liegt."

Gibt es oberhalb des Rafnach-Grabens noch weitere unentdeckte Gräber?

Die „Schimmelhalde"

Alte Öschinger wussten noch von ihrer Kindheit zu Beginn des 19. Jahrhunderts zu berichten, dass wenn „der Aare mit seinen zwei Schimmeln die Bachhalde hinabgeritten kam, es in der Tiefe: brrr! machte".

Eine Erklärung dafür liegt in den pfeifenden Windgeräuschen in dieser von Tälern durchzogenen Albrandgegend. Nun passt in dieses Bild des wütenden Reiters auch noch die unweit entfernte „Schimmelhalde". Hier soll aber eine Jägergeschichte aus dem Winter 1879 zugrunde liegen. Ein Oberförster Dr. Jäger aus Murrhard bezichtigte sich damals selbst, Namensgeber des Waldbezirks gewesen zu sein: „Ich ritt auf einem sehr schmalen Pfad vom „Hirschhäusle" aufwärts mit meinem Schimmel. Als ich in einer Kehre abstieg, glitt der Schimmel im Schnee ab und rutschte die steile Halde hinunter. Dort streckte er einige Sekunden alle Viere in die Höhe, von einer Buche aufgehalten, und setzte dann seine unfreiwillige Reise fort in den Öschbach, wo ich dachte ihn zusammen lesen zu müssen. Stattdessen stand er, allerdings zitternd am ganzen Leib, aufrecht im Bach . . ."

Der Aare aus Erpfingens „Teufels Hölzle"

Für die einstige Existenz dieses Alamannen-Kriegers „Aare" indessen spricht, dass er auch in Undingen und im abgelegenen Erpfingen als Schreckensruf überdauert hat. Pfullingens Stadtpfarrer Maier vermerkte 1909:

Zwischen „Rafnachberg" und „Schimmelhalde" haust der „Aare".

„In Undingen heißt der Schreckensruf: Das Burgmännle kommt!

Die alten Erpfinger und die Kinder glauben steif und fest, dass der Aare im, „Teufels Hölzle“ hause – dem Wäldchen an der Straße nach Undingen am Nordhang des Wiesenberges, schon erwähnt im Uracher Salbuch 1454 (Tüfels Hölzlin) – „ebenso wie der Hellenberg unweit davon. Wenn die Jugend den Ruf hört: der Aare kommt, lauft sie, was die Füsse tragen".

Maier weiter:

„Aare ist ein Ungeheuer, der leibhaftige Gottseibeiuns. Mit Knitteln bewaffnet gehen die Buben, im Herzen voll Angst, aber doch als Helden, die sich nicht fürchten und groß machen wollen, in das Wäldchen hinein, um den Aare zu suchen, und rufen dabei:

Der Aare ist ein Zendrium. (= Zentaur/Kentaur = Fabelwesen)
Er tanzt in Teufels Hölzle rum.
Er ischt schau viele Leut erschiena.
Wenn se send vo Undiga rum.

Danach springen sie davon, froh, mit heiler Haut los zu kommen.“

Der „Meisenbühl".

Mysteriöser „Meisenbühl"

Stand auf dem Öschinger Filsenberg eine Ringburg?

Öschingens Hausberg – der Filsenberg – mit seiner markanten Kuppe – dem Meisenbühl – regt seit Jahrhunderten die Fantasie seiner Betrachter an. Stand dort in fast achthundert Metern Höhe einst eine Ringburg? Am westlichen Ausläufer – dem Hohbarn – geben vorgeschichtliche Spuren den Archäologen Rätsel auf.

„Am schönsten ist die Stätte der alten Ringburg, wenn sie im ersten Frühlingsgrün zum Bolberg hinauf oder ins Steinlachtal hinabgrüßt", schrieb der Pfullinger Stadtpfarrer Maier 1909. Wie vor hundert Jahren zieht es auch heute noch Wanderer in seinen Bann, „das mächtige Rund des zwanzig Meter hohen mit 500 Schritten zu umlaufenden Hügels, der auf dem stattlichen Filsenberg malerisch aufgebaut ist." Ringsum und auf alten Karten eingezeichnet lief ein Weg „ungefähr beim alten Hauptwall entlang, der einst wohl einige Meter hoch sich erhob." Fünfhundert Meter Umfang umschließen eine ovale Fläche von etwa 220 Metern Länge und 80 Metern Breite: „Deutlich zieht sich um den Maisenbühl nicht nur ein Wall."

Maier hatte alte Öschinger gefragt, die beteuerten, dass sie noch Spuren von Ringgräben rundum gesehen hätten: „Alle Alten stimmen darin überein, man habe ihnen davon erzählt. An der Tatsache der Grä-

Trohnte über Öschingen eine alte „Volksburg"?

ben sei nicht zu zweifeln", schrieb der Heimatforscher, auch wenn sie bereits 1848 eingeebnet worden sind.

Matthäus Rein, Jahrgang 1837, erzählte dem Pfarrer, er könne sich aus seiner Knabenzeit noch gut an das Ausgeben von Allmandteilen mit ihren Vertiefungen erinnern. Damals, etwas im Jahre 1847, habe er oft „von der Röhre eines laufenden (heute nicht mehr existierenden) Brunnens an der Ostseite gegen das Kastenstal getrunken." Ihm hätten als Knaben die Alten erzählt, „es sei ein Schloss oben gestanden."

Der Waldschütz Haug versicherte gegenüber dem Geistlichen, sein Großvater, der Bauer Johannes Wagner, der 1787 bis 1867 lebte, habe davon geredet „in seiner Jugend noch den tiefen Graben gesehen zu haben, der rings um den Meisenbühl gegangen, aber dann eingeebnet worden sei."

Nun stellt sich den heute Interessierten die Frage, ob diese Gräben nicht einfach von Bauern stammten, die einst den Filsenberg bewirtschafteten. Dabei hätten sie, weil Fläche knapp war, die natürliche Erhebung ausgenutzt und um sie herumgepflügt, wodurch diese Acker-Terrassenform entstanden sein könnte.

Das Landesdenkmalamt zieht den (vorläufigen) Schluss, dass es sich „bei dem angeblichen Ringwall auf dem Maisenbühl um natürliche Bildungen des gebankten Kalkmergels des Weißjura gamma" handelt.

Fliehburg auf dem „Hohbarn“?

Wissenschaftlich untersucht hat die Höhensiedlungen in der Region erst in jüngster Zeit der Tübinger Archäologe Dr. Christoph Morrissey. Er fand bislang zwar keine direkten Anzeichen, wie Scherben oder Mauerreste für eine Besiedlung auf dem Meisenbühl. Allerdings aber an dem einige hundert Meter entfernten Hohbarn, dem westlichen Ausläufer des Filsenbergs, der mit dem gegenüberliegenden Farrenberg die Pforte zum oberen Steinlachtal bildet.

Dort, so erkannte bereits Pfarrer Maier 1908, „erweist sich, durch einen etwa hundert Meter langen, sich hinziehenden Wall mit Graben abgeschnitten, eine Art Volksburg.“ In der Tat wurden 1927 Scherbenfragmente auf dem 796 Meter hohen Hohbarn aufgelesen.

Diese Südostseite des Albtraufs, dem ebenfalls rätselhaften Talheimer Kirchkopf zugewandt, wird an ihrer engsten Stelle durch einen Wall mit vorgelegtem Graben abgeriegelt. Der Wall aus Kalksteinen sitzt auf einer natürlichen Terrasse und biegt wie diese in den Nordosthang um. Ein schwacher Graben ist noch zu erkennen. Das südwestliche Ende der Befestigungsanlage hat man durch den Bau eines Waldweges beschädigt.

Wer diese 1,3 Hektar große Anlage bewohnt hat, ist der Wissenschaft ein Rätsel. Vielleicht ist sie über 2.000 Jahre alt oder sie stammt aus der Epoche der Fliehburgen (5. bis 8. Jahrhundert), also der unmittelbaren Gründung Öschingens.

Dass die Wälle am Hohbarn und Meisenbühl mit Befestigungsanlagen aus Kriegen der Neuzeit zusammenhängen, scheint ausgeschlossen. Schon der Pfullinger Pfarrer erkannte, dass „hiegegen ein dreifaches spricht: Erstens die ringförmige Anlage, die nur am nördlichen Steilhang, weil hier weniger nötig, etwas mangelhaft erscheint. Zweitens die Lage außerhalb der Linie, die sich unmittelbar über den Albtrauf hinzieht. Und drittens das völlige Fehlen dieser Befestigungen in der militärischen Karte, die älter ist als die Zerstörung dieser Gräben.“

Bis das Rätsel des Meisenbühls gelöst ist, bleibt uns die Sage aus dem 19. Jahrhundert, „von einer Ringburg, die hinab ins Tal grüßt und kündigt von männlichem Schutz und Trutz in schlechten Zeiten. Zu Bolberg und Roßberg redet der Hügel eine beredte Sprache hinauf vom Kampf und Streit der Altvorderen, die mit ihrem Blut diese Hochwiese gedüngt haben.“

Geheimnisvolles Kloster

Lebten auf dem Roßfeld einst Mönche?

In einer alten Sage wird noch heute von einer einstigen Kapelle auf dem Roßfeld erzählt. Doch weder die Dorfchronisten noch die wissenschaftlichen Archive führen darüber konkrete Aufzeichnungen.

Der Hinweis geht auf das Jahr 1828 zurück. In der Rottenburger Oberamtsbeschreibung über die Gemeinde Öschingen berichtet der Verfasser:

„In wie ferne die Sage begründet sey, dass auf dem Roßberg ein Kloster, von (drei) Mönchen mit roten Kleidern bewohnt, gestanden habe, läßt sich aus Urkunden nicht nachweisen." Als Beweisgrund für diese Legende gibt er an, „dass in Öschingen immer eine Viertelstunde vor der Predigt geläutet wurde, um den Mönchen ein Zeichen zum Gottesdienst zu geben."

Die Glocken der Öschinger Martinskirche sollen nicht nur den Bauern, sondern auch den Mönchen auf der Albhochfläche ein Zeit-Zeichen gegeben haben.

Das Vor-Läuten gibt es heute in Öschingen nicht mehr. Ob es früher so war, vermag man nicht mehr mit Bestimmtheit zu sagen. Und selbst wenn, könnte in fünfzehn Minuten niemand vom Schönberger Kapf nach Öschingen hinabsteigen. In Ermangelung einer eigenen Uhr hätten etwaige Bewohner des Roßfeldes durch das Glocken-Schlagen aber sehr wohl profitieren und zum Abhalten einer Andacht an Ort und Stelle erinnert werden können.

Da nun bekanntlich in jeder Sage ein Körnchen Wahrheit steckt, muss es auch einen fassbaren Hinweis darauf geben. Nach dem verheerenden Orkan „Lothar" 1999 bot sich auf dem bewal-

Der Gönninger Heimatforscher Dr. Eberhard Kinkelin untersucht mögliche Grundmauer-Reste eines Gebäudes auf der Hochfläche des Roßberges. Haben dort, wie eine alte Öschinger Sage berichtet, einst Mönche gewohnt?

Der „Schönberger Kapf".

deten Schönberg-Plateau die Gelegenheit in den Wurzelballen der Bäume nach Spuren zu suchen. Die fanden sich auch in Form eines vermutlich rechteckigen Grundrisses, der wegen der großen Gruben nicht eindeutig nachzuziehen ist.

Die Mauern weisen auf einen einfachen Bau hin. Vieles würde für eine Einsiedelei sprechen, eine Art „Mini-Kloster". Eine steinerne Jagdhütte scheint unwahrscheinlich, ein anderes Gebäude, dessen Nutzen unbekannt ist, wäre freilich auch möglich. Vielleicht haben hier tatsächlich Mönche, Anhänger des Kartäuser-Ordens beispielsweise, eine Zeit lang gelebt. Diese Bruderschaft lebte nach strengen Einsiedler-Regeln. Wahrscheinlich hatten die Mönche, so es welche gab, ihren Sitz am Fuße des Roßberges bis zum Beginn der Reformation, als die Gegend protestantisch wurde.

Talheims zweite Burganlage.

Mit Zugbrücke und Wassergraben

Sicherten die Franken in Talheim einen bedeutenden Albaufstieg?

Alteingesessene Talheimer haben einen Schopf hinterm Haus, manche sogar einen Goldfischteich. Wenn aber August Creuzberger in der Kreuzstraße das Tor zu seinem großen, versteckten Garten öffnet, steht er vor den Überresten einer vielleicht 1400 Jahre alten Burganlage.

Im Jahre 1417 taucht das „Bürglin", im südlichen Teil des Dorfes gelegen, zum ersten Mal in Urkunden auf. Erhalten geblieben ist ein annähernd quadratischer Platz von rund 20 × 20 Metern Fläche. Der ist ringsrum von einem zehn bis zwölf Meter breiten und noch drei Meter tiefen Graben umgeben, an dem jetzt Obstbäume wachsen.

Um 1500 wird das „Schloß im Dorf mit Graben umgeben und wohl befestigt mit Scheuer, Stallungen, laufendem Wasser und zehn Mm. Garten" beschrieben.

Eine noch 1618 erwähnte Zugbrücke führte über den ehedem mit Wasser gefüllten Graben an der Südseite der Anlage, wo heute das unscheinbare Gartentor steht. Früher muss dort direkt eine Straße vorbeigeführt haben, die Richtung Rathaus verlief. Die wurde überbaut und eine neue weiter südlich errichtet. Der ursprünglich rechteckige Umfang der Parzelle 385 wurde dadurch trapezförmig.

Die Oberfläche des Burghügels weist schwache Erhebungen und Einsenkungen auf. Es wird vermutet, dass rechts vom Zugangstor ein Turm mit quadratischer Grundfläche stand. Dieses Hauptwohngebäude der Burg beinhaltete normalerweise den Rittersaal und die Kemenate (die beheizbaren Wohnräume). Von sechs Stuben und elf Kammern ist 1603 die Rede. Die waren sicherlich auch in dem Querflügel auf der Nordseite der Anlage (Richtung Beethovenstraße) untergebracht.

In einem Talheimer Obstbaumgarten sind noch die Überreste einer jahrhundertealten Burganlage zu sehen: Über dem einstigen Wassergraben hing eine Zugbrücke.

Das „Bürglin mit Wasserhaus“ verfügte über einen verschwundenen Brunnen. Dort durften die Bürger in dem Anwesen ihren Wasserbedarf decken. Die letzten Erben wollten 1618 das Schloss los haben. Ein fürstenbergischer Adeliger zeigte Interesse, dem man „weil das Schloss außerhalb des Fleckens stehe, als Katholiken freie Religionsübung außerhalb Talheims gestattet hätte.“ Doch scheiterte der Kauf, weil dem Herrn „die Jagd fehle, und auch hätte er gerne auf allen Gütern die niedergerichtliche Obrigkeit gehabt. Zudem fand er die Häuser in einem schlechten Stand. Die Mauer im inneren Hof gegen den Wassergraben war am Einstürzen, die Uhr nicht im Stande, der Brunnen ohne Wasser, die Strohscheuer decklos. Der Keller fehlte, das Wasch- und Backhaus war abgebrannt, die Zugbrücke lebensgefährlich. Durch den Garten führten Wege und ein Teil des Baumgarten war sumpfig.“

Gekauft hat es schließlich 1620 ein Heinrich von Offenburg, der es 1627 an Württemberg veräußerte. Während des Dreißigjährigen Krieges (noch bis 1648) scheint das „Wasserschloß“ vollends zur Ruine geworden zu sein. Um 1828 wurden die letzten Gebäude der Anlage (Scheune und Waschhäusle) abgetragen.

Völlig verschwunden sind die Überreste eines zweiten Schlosses im Ort. Es stand dieser Anlage gegenüber, westlich des Rathauses, rechts an der alten Bolgasse. Erstellt wurde es 1580, als das „Wasserschloß“ bereits als „altes Schloß“ galt. Dieser neue Steinbau, später „Jägerhaus“, gehörte anfangs dem Rittergut Talheim, jenen adeligen Geschlechtern der Truchsessen von Schenk und Herter. Es stand bereits 1618 ebenfalls zum Verkauf, wurde nicht zerstört, aber 1819 überbaut. So konnte sich 1899 der Metzger Gänßle durchaus rühmen, in einem „Schloss“ zu wohnen.

Über die Baumeister des „Wasserschlosses“ wird spekuliert: Zu der Zeit, als es erstmals in den Urkunden auftaucht, entfachte die „Jungfrau von Orleans“ den Widerstand der Franzosen gegen die Engländer. Das christliche Europa war gespalten, es gab drei Päpste. Die furchtbare Zeit des Hexenwahns bahnte sich an. Der gegen die Kirche wetternde Johannes Has wurde auf dem Konstanzer Konzil verbrannt. Und im Deutschen Reich lagen Fürsten, Ritter- und Städtebünde in gegenseitigen Befehdungen.

Mit Sicherheit steht fest, dass die erstmals um 1282 als Schenken von Andeck genannten, am Farrenberg trohnenden Adeligen wegen Baufälligkeit und Unterhaltsproblemen ins Tal zogen. Das ab 1400 verarmende Geschlecht hatte nämlich bereits 1340 begonnen, die „Andeck“ wie die Wohnungen eines Mehrfamilienhauses zu verkaufen. Der letzte Schenk auf der Burg am Farrenberg war Fritz, dem noch ein Achtel des Familienbesitzes gehörte. Sein Sohn Hans versilberte den letzten Teil des Sippe-Anwesens 1433. Die restliche Verwandtschaft hatte sich ab 1400 im Dorf einquartiert oder war weiblicherseits in Klöstern untergekommen. Der urkundlich gesicherte Umzug für das Jahr 1417 belegt, wo ein Konrad Schenk von Andeck seinem Bruder Fritz „das Bürglin und Wasserhaus“ verkauft. Fortan nannte sich der Adelszweig „Schenken von Andeck und Talheim“. Ob die verschuldeten Schenken nach ihrem Umzug ins Dorf ein neues Schloss am Ortsrand erstellten, darf bezweifelt werden. Vermutlich bezogen sie eine bereits bestehende Anlage oder bauten diese aus.

Da Talheim aufgrund seiner ungewöhnlich großen Markungsfläche einmal ein sehr bedeutender Ort gewesen sein muss – es soll sogar königlicherseits einmals als „Fürstentum“ bezeichnet worden sein – kommt für die Erbauer wahrscheinlich jemand anders in Frage. Möglicherweise stammt die ursprüngliche Anlage aus der Frankenzeit. Im sechsten Jahrhundert gründete dieser Volksstamm um den legendären Chlodwig etliche Siedlungen (-„heim“) und besiegte die bislang ansässigen Alamannen. Talheim (766: „Dalaheimer maraca") gilt als einer der ältesten Orte in der Region. Von allen alamannischen „ingen"-Orten ringsherum umgeben, war der strategisch wichtige Albaufstieg, so die Vermutung, in Talheim schon bald unter fränkischer Kontrolle. Vielleicht war das Gewann „Schlossgärten" einst Sitz des fränkischen Dorfadels.

Wer beherrschte die auffallend große „Dallaheimer maraca"?

Das steinerne Kreuz

Jahrhundertealtes rätselhaftes Steingebilde am Fuße des Riedernberges

Als „Langer Markstein“ ist er in der volkstümlichen Überlieferung bekannt. Ein rund 110 Zentimeter hoher, rechteckiger Stein am Fuße des Riedernberges. Doch der vermeintliche Grenzstein war ursprünglich einmal ein Kreuz.

Nicht nur ungewöhnlich, sondern durchweg rätselhaft ist der Zweck und das Alter dieses Sandsteins. Er steht am Rand des Rundweges unterhalb des Willmandinger Riedernberges in den Waldgebieten „Buchbrunnen“ und „Eichhalde“. Obwohl er an der Markungsgrenze nach Talheim sitzt, ist es aber kein herkömmlicher und fälschlicherweise wegen seiner Höhe als „langer Markstein“ bezeichneter Grenzpunkt.

Der auf Steinkreuze spezialisierte Altertumsforscher Dr. Bernhard Losch hat bei der genaueren Untersuchung des Gebildes eindeutige Anzeichen für ein Kreuz entdeckt. Zum einen deuten Bruchstellen links und rechts des rund 25 Zentimeter breiten Sandsteines darauf hin, dass hier einmal Ausleger waren. An beiden Stammseiten sind deutliche Einwölbungen zu sehen; rechts ziemlich glatt geschliffen. Ein Talheimer Steinmetz, so fand Alt-Schultes Alfred Schumacher in seinen Rathaus-Unterlagen, war in der ersten Hälfte des 19. Jahrhunderts vom damaligen Schultheiß beauftragt worden, die Bruchstellen zu glätten.

Eine auf der parallelkantigen Steinoberfläche abgebildete Pflugschar deutet ebenfalls auf ein Kreuz hin. Dieses Zeichen findet man in Baden-Württemberg häufig auf Sühnesteinen.

Der große Pflug erstreckt sich vom Kopf des Steines über die Kreuzmitte bis hin zu den Oberteilen des Schaftes. „Die fehlenden seitlichen, früher auf den Armansätzen fortführenden Konturen sind leicht als ergänzbar zu erkennen“, meint Losch. Er datiert die Abbildung ins 16. Jahrhundert.

Doch das würde der These widersprechen, dass der Stein einst als Wegweiser für die Willmandinger Bürger gedient haben könnte. Die sollen, in Ermangelung einer eigenen Kirche, den Weg zum Gottesdienst ins Tal hinab genommen haben. In Talheim gab es bereits mindestens um 873 ein Gotteshaus. Noch heute zeugt ein alter Hohlweg durch den Wald von der alten Strecke.

Vielleicht hängt der rätselhafte Stein auch mit dem abgegangenen Franziskanerinnen-Kloster zusammen. Im Jahre 1361 erstmals erwähnt, wurde das Gebäude neben der jetzigen Kirche 1667 abgetragen, nachdem im November 1610 die letzte Nonne gestorben war.

Oder stand gar auf dem „Kirchkopf“ inmitten einer einfachen Siedlung eine kleine Kapelle? Möglich auch, dass das Kreuze erst in der Reformation als Wegweiser für die evangelischen Älbler diente. In Willmandingen bringt man den Standort des Steines mit der Sage in Verbindung, dass an der Stelle einst jemand umgebracht worden sein soll.

Unerklärliche Mauer-Wälle

Wer baute die Wehr-Anlagen auf dem Talheimer „Kirchkopf"?

Drei große Wälle samt Gräben riegeln noch heute das über zweihundert Meter lange Bergplateau des „Kirchkopfs" ab. Die Hintergründe dieser als Fliehburg bezeichneten Wehranlage sind rätselhaft. Mindestens zweitausend Jahre Geschichte liegen oberhalb Talheims im Dunkeln.

Blick von der „Heidenburg" auf die 80 Meter unterhalb herausragende Bergzunge des „Kirchkopfes".

Die bisher wissenschaftlich einzig verwertbaren Spuren führen in die späte Urnenfelderkultur: Wenige Tonscherben, dreitausend Jahre alt, wurden bei Grabungen 1907 gefunden. Weitere jüngere Siedlungshinweise (Hallstattzeit?) auf dem stellenweise hundert Meter breiten Bergrücken auf 770 Meter Höhe liegen wohl noch immer unberührt unter der Erde.

Die Oberamtsbeschreibung von 1889 beschreibt zehn Hügelgräber auf der Hochfläche – jedes damals noch stattliche sechs Meter aufgeschüttet.

Nach wie vor heute erkennbar sind hingegen die drei Wälle und ihre vorgelegten Gräben. Das Besondere an den Bauten ist die Stärke der Befestigungsanlagen: sie nimmt nämlich von außen nach innen zu.

Der äußere, der Alb zugewandte Wall, ist fünfzig Meter lang und rund einen Meter hoch. Im Norden, mit Blick auf den Filsenberg, endet er an einem Steilhang. Im Süden biegt er ab. Es ist anzunehmen, dass darauf in irgendeiner Form Palisaden standen. Der Graben davor ist ebenfalls einen Meter tief.

Der mittlere Wall könnte vielleicht auf eine Art Vorburg hindeuten. Zwischen den Steilhängen links und rechts misst er fünfzig Meter Länge. In der Mitte erhebt er sich bis zu drei Meter über dem zweieinhalb Meter breiten und muldenartigen Sohlgraben.

Dem folgt ein großer, bis zu fünf Meter tiefer dritter Graben, der sich in einem Bogen rund hundert Meter lang durch die Stirn des Plateaus zieht. Dieser innere Wall ist, vom tiefsten Punkt gemessen, gewaltige sieben Meter hoch. An der nördlichen Seite, wo man auf Salmendingen hinüberschauen kann, verflacht er. Kurz davor, wo heute ein Weg durchführt, war vermutlich einmal ebenfalls ein Tor gestanden. Die gesamte Anlage mit Innenflächen und Befestigungen ist 275 Meter lang und bis zu hundert Meter breit!

Der Grabungsbericht vom 18.12.1907 belegt die Dimension des Areals. Der Wall wurde damals in der Mitte einen Meter tief angeschnitten:

„Er förderte, nach einer Schicht von etwa 50 Zentimetern, die Erde und Steine vermischt zeigte, einen ziemlich horizontal geschichteten Steinkern von unregelmäßigem Material zutage. Teilweise Blöcke von bis zu zwei Zentnern."

Nach jüngsten Untersuchungen des Tübinger Archäologen Dr. Christoph Morrisey ist die Anlage eine von 150 bekannten, so genannten „Fliehburgen" des 5. bis 8. Jahrhunderts. Doch die Erkennt-

Auf dem Bergrücken durchziehen drei über fünfzig Meter lange und bis zu sieben Meter hohe Wälle den Wald (Bilder oben und rechts).

nisse über diese Bauten, die Zeit ihrer Entstehung und der Zweck sind noch sehr dürftig: „Sie bergen ungemein große Rätsel."

Der Experte sammelte die wenigen ihm bekannten handfesten Fakten; vor allem Fundstücke. Dann versuchte er sie, im Abgleich mit ähnlichen Anlagen am Albrand, einem Puzzle gleich, zusammenzusetzen.

Ungewöhnlich ist für ihn die starke, zeitaufwändige und mühselig erbaute Wehranlage. Wen und was galt es auf der Hochfläche einst zu schützen? Machte es militärisch überhaupt einen Sinn? Fraglich auch, ob die drei Wälle dieselben Baumeister hatten oder ob die bestehenden Anlagen über Jahrhunderte ständig erweitert wurden. Sollte es auf der einst nicht bewaldeten Hochfläche lange Zeit gar eine Siedlung gegeben haben, von der Gräber, aber kein Brunnen nachweisbar ist?

Morrisey, der wohl für lange Zeit den neuesten Stand erforscht hat, erstaunt vor allem die Häufigkeit der Anlagen rund um Talheim: 80 Meter oberhalb des „Kirchkopfs" thronte auf dem Riedernberg die „Heidenburg" (ca. 500 vor Christus). Und an der Westspitze des benachbarten Filsenbergs lag – ebenfalls in Rufweite – eine weitere „Fliehburg" auf dem „Hohbarn."

In Salmendingen beginnen die militärischen „Alblinien".

Gewaltige Verteidigungslinien am Albrand

Zwischen Dreifürstenstein und Übersberg steht ein völlig in Vergessenheit geratenes militärisches Bollwerk

Man nennt sie „Schwedenschanzen", „Römergraben" oder gar „Keltenwälle" – die merkwürdigen Gräben und Hügel, auf die man vielerorts am Albrand trifft. Sinn und Zweck der rätselhaften Bollwerke sind im Bewusstsein der Bevölkerung völlig verloren gegangen. Dabei sind die meisten dieser Anlagen erst vor dreihundert Jahren angelegt worden – als gewaltige württembergische Verteidigungslinie im Spanischen Erbfolgekrieg.

Europa im Jahre 1700. Der spanische König Karl II. stirbt. Er ist der letzte Habsburger der Weltmacht. Nun gibt es Probleme mit der Thron-Nachfolge. Frankreichs Sonnenkönig Ludwig XIV. und Österreichs Kaiser Leopold I. erheben beide verwandtschaftliche Ansprüche auf das Erbe jeweils für ihre Enkel Philipp und Karl. Aus dem Streit entsteht der erste neuzeitliche Weltkrieg (bis 1714), der sich bis hin zu den Übersee-Kolonien ausweitet. In Süddeutschland prallen die mit Frankreich verbündeten Bayern auf die mit Österreich kooperierenden Württemberger.

Am 25. Oktober 1702 richtet die bayrische Armee in Ehingen ihr Hauptquartier ein. Von dort aus drang sie in einzelnen Vorstößen tief in württembergisches Gebiet vor. Die Ämter (Kreise) Heidenheim, Blaubeuren, Urach und Münsingen waren am stärksten betroffen. Ulm war bereits am 2. September erobert worden, Münsingen wurde am 30. Oktober erobert und teilweise geplündert. Im Mai 1703 durchbrachen die Bayern die Front an der westlichen Donau bei Fridingen. Sie drangen mit fünfzig Reitern und hundert Musketieren bis nach Ebingen vor, um die Stadt zu verwüsten. Die Lage spitzte sich zu, als sich die Franzosen, durch das Rheintal kämpfend, mit den Bayern vereinigten.

In Urach standen zwar 328 Mann vom Leibdragonerregiment, in Grafeneck 80, in Tübingen 320 Mann. Weitere Infanterie lag in Neuffen, Nürtingen, berittene Kampftruppen in Reutlingen, Pfullingen und Metzingen. Doch die meisten Soldaten standen an der Donau-Front. Deshalb wurde zur Verstärkung der Albpässe im Hinterland ein Landsturm gebildet.

Im Herbst 1703 reifte beim württembergischen Herzog Eberhard Ludwig der Plan, den Durchbruch der Feinde über die Alb in die Täler mit der gewaltigsten Verteidigungsanlage seit dem Limes-Bau aufzuhalten und „eine Postierungslinie mittels eines Verhaues, Palisaden und Schlagbäumen mit Brustwehren an allen Steigen und Pässen ziehen zu lassen." Die Pläne für die Sperrlinie reichten von der Ostalb bei Geislingen bis Hohenzollern und von dort durch das Lautlinger und das Spaichinger bis tief in das Kinzig-Tal und wurden offenbar auch gebaut.

Ein Reutlinger Infanterie-Leutnant Niethammer vom Tübinger Kaiser-Friedrich-Regiment, der 1892 den Linienverlauf untersuchte, fand heraus, dass das Bollwerk zumeist mit Stellungen und kleineren Sperrungen besetzt gewesen war.

Viele der rätselhaften Gräben am Albrand sind weder keltisch noch römisch, sondern stammen aus dem Jahr 1703.

Die gewaltigste Anlage stand jedoch auf dem Abschnitt zwischen dem Übersberg und dem Dreifürstenstein. Vor allem die Schanzen auf dem Roßberg, am Bolberg und an der Talheimer/Salmendinger Steige sind heute noch auffallend. Sie schützten die Dörfer im Steinlach-, im Öschbach- und im Wiesaz-Tal. Im Winter 1703/4 begannen die Arbeiten für den großen Wall im Südwesten. Niethammer: „Aktive Offiziere besorgten das Zusammenstellen und Einexerzieren dieser Landwehrtruppen. Ohne Zweifel wurden durch sie die Pass-Sperren ausgeführt, Schanzen gegraben und Verhaue angelegt."

Die geheimen Militärunterlagen über das Schanzenwerk, die Niethammer rekonstruierte, beinhalten 25 Abschnitte sowie Verbindungs-

Mit einem gewaltigen Bollwerk entlang der Schwäbischen Alb bis hin zum Schwarzwald sicherten württembergische Soldaten die Täler vor dem heranrückenden Feind.

gräben, die auch heute noch zu sehen sind. Wenngleich es auch ab und an Mühe macht, die langsam verebnenden Stellen aufzusuchen.

Salmendingen – Schanze 1:

Sie beginnt am Nordabfall des Dreifürstensteins, 700 Meter nördlich der Salmendinger Kapelle, auf der Flur „Zollerbergle“. Am Fuße des Monkberges war der rechte Flügel, von oben betrachtet ein auf dem Kopf stehendes „V“. Das hatte einen Winkel von 120°. Jeder Schenkel war zwanzig Schritte lang. Der Rechte war nach Südost ausgerichtet und sollte dem von Ringingen her anmarschierenden Feind den Abstieg nach Talheim verwehren. Der Linke diente dazu, „trotz geringer Frontausdehnung ein lebhaftes Kreuzfeuer“ zu entfachen.

Monkberg – Schanze 2:

Folgt man dem geteerten Weg um den Monkberg, trifft man nach 600 Metern auf die zweite Schanze. Ein Wall mit vier bis sechs Meter breitem und 2,5 Meter tiefem Graben wird von der Straße durchtrennt. Sie führt durch die Spitze eines ebenso 120° breiten Winkels. Zu beiden Seiten messen die Schenkel um die fünfzig Schritte, ehe sie wieder abwinkeln. Hierdurch würde den von Salmendingen anrückenden

Feinden der Abstieg ins Tal verwehrt. Gleichzeitig würde den Soldaten in der ersten Schanze der Rücken gedeckt; ein gegenseitiges Flankieren wird möglich, ein Umgehen unmöglich gemacht.

Wangental – Schanze 3:

Nach weiteren siebenhundert Metern trifft man auf die dritte große Schanzanlage. Im Wald oberhalb des Wangenbach-Tals. Ein Feldweg durchbricht einen der Flügel. Getreidefelder haben die Verlängerung bis zur Anhöhe oberhalb der Steinlach-Quelle verschwinden lassen. Im Steinhang entdeckt man Spuren von kleineren Stellungen (fünfeckige „Redouten" und quadratische „Lünetten"). Eine dieser beiden „Redouten" ist durch den Bau der Straße beschnitten worden.

Mit Piken und Flinten standen die Verteidiger hinter den Wällen.

Talheim – Schanze 4:

Die „Talheimer Schanze" ist auf allen gängigen Karten eingezeichnet. Sie befindet sich – von Melchingen kommend – rechts des Albabstiegs auf der Hochfläche. Fünfzig Schritte verlief der Graben in nordöstlicher Richtung, um dann, nach Osten abbiegend, nach weiteren 150 Schritten auf den äußeren Flügel des Winkels zu stoßen.

„Ein großartiges Sperrwerk", lobte Militärexperte Niethammer mit Blick auf den Kartenplan die Absicherung des Steinlachtals. „Alle drei Werke sind stark genug, um, gut besetzt, auch einer ziemlich großen Übermacht Trotz zu bieten." Denn links und rechts der Hauptstraße gab es zudem zwei Block- und Wachhäuser mit spanischen Reitern.

 Rund 1700 Meter Luftline waren damit abgedeckt: „Übersicht und Feuerwirkung sind überall vortrefflich. Der Platz für jedes einzelne Werk erscheint mit großem Geschick ausgewählt."

Eichhalde – Schanze 5:

In der „Eichhalde", zwischen Ruch- und Riedernberg, liegt die nächste Anlage; dasselbe Profil wie bei den bisherigen, aber stärker ausgeprägt – Gesamtlänge: rund 300 Schritte: „Es mußte ein starker Feind sein, der es hätte wagen sollen, auf dem Feldwege nach Eichhalde vorgehend, die Schanze, die wie eine Burg da oben liegt, anzugreifen. Den Abstieg von Willmandingen nach Talheim war auch nicht möglich, man hätte das stärkste Feuer der Besatzung in seiner Flanke gehabt."

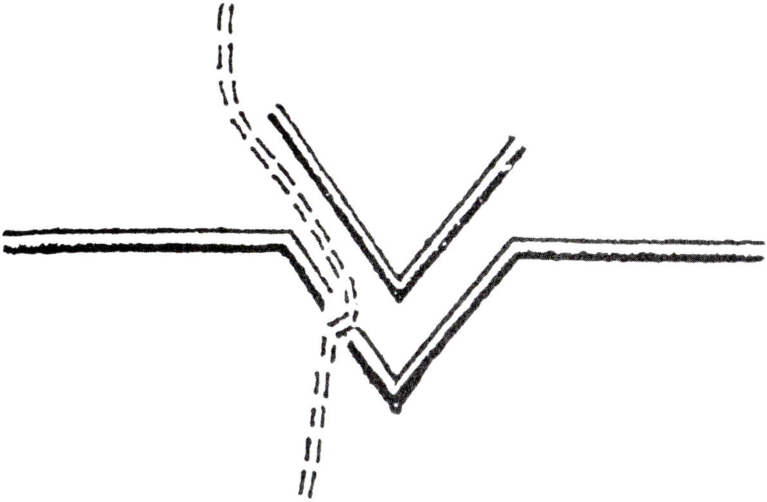

Ursprüngliche Form der Schanze am Roßberg.

Seebachtal – Schanze 6:

Die „Seebachtal-Schanze" liegt 900 Meter nördlich der „Eichhalde", quer über den Verbindungsweg von Willmandingen nach Öschingen. Sie zieht sich 250 Schritte lang und liegt teils dicht im Hang: „Sie ist mustergültig für den Grundriss einer Wegsperre im Defilee."

Bolberg – Schanze 7:

Keine sechshundert Meter davon entfernt ragt das drittgrößte Bollwerk des Abschnitts zwischen Dreifürstenstein und Übersberg heraus: die „Bolberg-Schanze" (heute „Römergraben"). Sie erstreckt sich entlang dem Südrand des Bolbergwaldes, beginnend von dem Weg, der zur Wanderhütte führt, bis hin zur Markungsgrenze Willmandingen–Undingen, insgesamt rund 650 Schritte lang. „Sie unterscheidet sich von den anderen dadurch, dass sie den zu sperrenden Weg nicht schneidet, sondern seitwärts desselben in einem spitzen Winkel zu ihm liegt." In Zick-Zack-Form (vier ausspringende und fünf eingehende Winkel) konnten die Soldaten in gegenseitiger Unterstützung das Kreuzfeuer auf anrückende Truppen richten.

Härtle – Schanze 8, 9 und 10:

Ihre Spuren sind kaum noch zu finden. Das achte Bollwerk lag noch am abfallenden Südhang des Bolberg-Waldes, rund siebzig Schritte lang. Die neunte Schanze dort, wo der Feldweg von Undingen in das Waldstück „Hardtfelsen" eintritt; die beiden Winkel zwischen 120 und 170 Schritte lang. Westlich von Genkingen, zwischen Rinder- und Roßberg, oberhalb der Öschenbachquelle, erstreckte sich laut Plan ein spitzer ausspringender Winkel der Schanze Nummer zehn; der rechte an die vierzig Schritte, der linke über hundert Schritte lang.

Roßberg – Schanze 11:

Sie gilt als das zweitgrößte Verteidigungswerk und stich jedem Roßberg-Besucher ins Auge, da sie neuhundert Meter vor dem Turm quer zur Hochfläche verläuft. Bestimmt war sie zur Sperrung der von Genkingen und dem Rinderberg gegen Öschingen und Gönningen führenden Talabstiege. Das Besondere darin ist ihre „V"-im-„V"-Form. „Dieser zweite Wall diente dazu, den durch einen Feldweg durchbrochenen ersten Winkel zu ersetzten und ihn zugleich unter Etagen-Feuer zu nehmen." Die Gesamtlänge der mit einigen Haken versehenen Linie misst 800 Meter: „Auf ihrer ganzen Ausdehnung ist die Übersicht und Feuerwirkung gut, besonders die Anmarschwege von Genkingen sind weither einzusehen und liegen im Kreuzfeuer."

Buoberg – Schanze 12:

Die „Buobergschanze" zieht sich 50 Schritte quer über den weit in das Wiesaztal hinragenden nordöstlichen Ausläufer des Roßberges, an dessen Fusse die Gönninger Seen liegen. Mit Front gegen Südwesten sperrt dieses Schanze den Abstieg in das Wiesaztal ab.

Talmühle – Schanze 13:

Sie liegt an der Gönninger Steige oberhalb der Talmühle, ist geradlinig und nur wenige Meter lang.

Rösslesberg – Schanze 14:

Vermutlich haben die Militärstrategen am Hang des Rösslesberges auf bereits bestehende Schutzanlagen der dortigen Höhensiedlung (in diesem Buch an anderer Stelle beschrieben) zurückgegriffen.

Ramstal – Schanze 15, 16 und 17:

Um das Ramstal zu sichern, gab es zwischen Stellenberg, Altersbühl, Eichhalde und Hohenbuch nicht näher beschriebene Anlagen, die nicht in den Hanglagen, sondern auf der Hochebene zu suchen sind.

Honauer Steige – Schanze 18 und 19:

An der Stelle, wo die damalige Straße die Hochfläche erreichte, lag diese „Defileesperre". Durch den Bau der Eisenbahnstrecke ist die 200

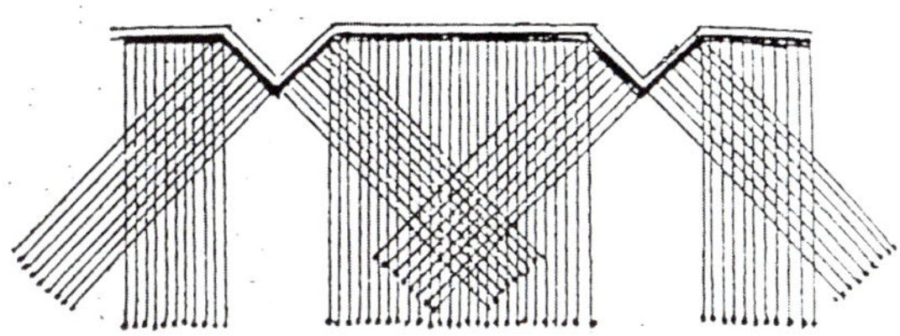

Fig. 2.

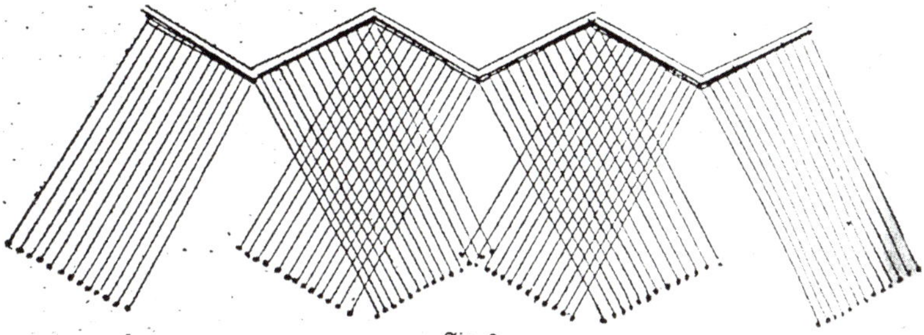

Fig. 3.

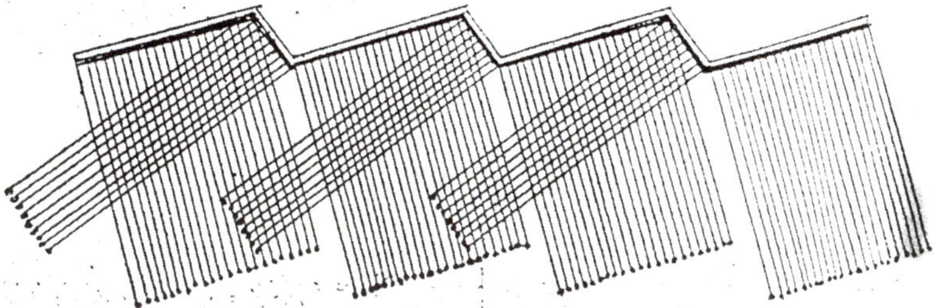

Fig. 4.

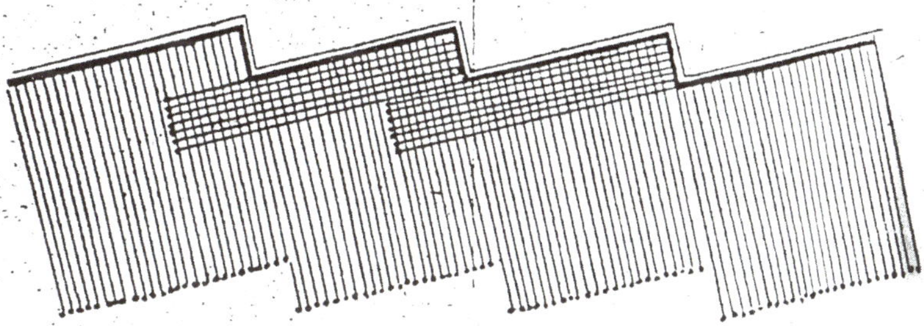

Fig. 5.

Die winkelförmig angelegten Verteidigungslinien (Blick von oben) ermöglichten den Soldaten ein undurchdringliches Sperrfeuer (Pfeillinien) auf den angreifenden Feind.

Schritt lange Schanze im Profil beschädigt worden. Die Schanze 19 ist am Südhang des Traifelberges.

Holzelfingen – Schanzen 20 und 21:

Vermutlich lagen sie in den Wegegabelungen der Straße von Holzelfingen nach Kohlstetten und nach Engstingen sowie an der Straße nach Ohnastetten. Hier sollte die Holzelfinger Steige gesichert werden.

„Der Verhau, der beim Dreifürstenstein beginnend alle Schanzen miteinander verband, fand hier noch nicht sein Ende", resümierte Niethammer die ihm vorliegenden lückenhaften Verteidigungspläne. „Den Flurnamen nach zu schließen, reichte er noch mindestens bis zum Übersberg." Die bis nach Aalen weiterführenden Verschanzungen sind offenbar bis heute nicht wieder erfasst worden.

Mit Musketen und Piken

Nahezu alle zur Zeit des 17. Jahrhunderts gebräuchlichen Verhau-Formen wurden von den Militär-Architekten auf dem „Alblimes" umgesetzt. Jede einzelne, unterschiedlich gebaute Schanze hatte einen besonderen militärischen Zweck. Die Höhe, der Winkel sowie Flügel- und Schenkellänge richteten sich beispielsweise danach, ob die jeweilige Truppe mit Musketen, mit Flinten, mit urtümlichen Handgranaten oder nur mit der 4,5 Meter langen „Pike", auch „Schweinsfeder" ausgerüstet waren. Bevorzugt wurde beispielsweise die Infanterie der damaligen Zeit zum Kreuzfeuerschießen eingesetzt. Die Männer konnten mit ihren Waffen zwar dreihundert Fuß weit schießen, aber nur hundert Fuß weit ein anvisiertes Ziel auch treffen. Die durchschnittliche Brustwehr-Höhe betrug 1,5 Meter über dem Stand des Schützen, die Brustwehrstärke zwei Meter.

Das Erstaunliche ist, dass alle diese Anlagen (bis auf die Bolberg- mit der Roßbergschanze) untereinander durch einen Verhau verbunden waren. Als Hindernisse setzte man „Spanische Reiter", aus spitzen Pfählen oder den „Piken" zusammengestallt, ein. Ferner Palisaden, dicht nebeneinander eingerammte Pfähle; „Wolfsgruben", also kleine, kreisrunde, schachbrettförmig angelegte Erdlöcher, in denen spitze, senkrecht gestellte Stäbe eingerammt waren, sofern es der Boden zuließ. Und schließlich den „geschleppten Astverhau". Zweige und Äste wurden dicht nebeneinander, mit den angespitzen Stellen gegen den Feind gerichtet auf den Boden gelegt. Die stärkere Holzseite wurde etwas eingegraben und im Boden verankert und durch Leinen oder Draht miteinander verbunden. In den Buchenwäldern fanden die rekrutierten Landwehr-Soldaten genügend Baumaterial.

Als die Verteidigungsanlage im Sommer 1704 fertiggestellt und besetzt wurde, war der Feind allerdings bis auf wenige Vorstöße nicht mal in die Nähe dieses aufwändigen Bollwerks gekommen. Am 13. und 14.

Februar suchten gerade mal 45 Franzosen Gächingen heim, am 6. März wurde Dottingen, am 22. Mai Auingen von 400 Franzosen gebrandschatzt. Auch der zweite Angriff auf Münsingen, am 5. Juli mit 300 französischen Dragonern, blieb für den Krieg folgenlos. Denn am 13. August wurde in der Schlacht bei Hochstätt das Schicksal der bayrisch-französischen Armee besiegelt und der Krieg in Württemberg beendet.

„So haben die Alblinien dank des unbebauten felsigen Bodens überdauert, als das Denkmal eines Fürsten, der in der Verteidigung seines Landes das Äußerste geleistet hat."

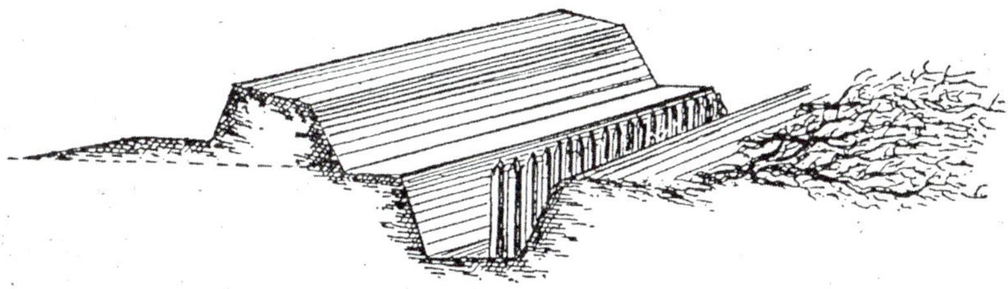

Astverhaue und spitze Pfähle in Gruben erschwerten mögliche Angriffe auf die Stellungen.

Pferdeopfer und Sonnenkulte

War die Hochfläche des Roßberges einst eine zentrale heidnische Kultstätte?

Seit Jahrtausenden zieht der Roßberg die Menschen in seinen Bann. Von der einstigen vorchristlichen Kultstätte blieb der Brauch bis in unsere Tage erhalten, auf den markanten Gipfel zu pilgern, um das eindrucksvolle Schauspiel eines Sonnenaufgangs über der Alb zu beobachten. Doch das Roßfeld birgt so manche Geheimnisse...

Als sich die römischen Späher unter Caecina im Jahre 9 nach Christus auf die Suche nach den in Germanien verschollenen beiden Legionen des Feldherrn Varus machten, stießen sie beim heutigen Os-

nabrück auf ein grauenhaftes Schlachtfeld mit 25.000 niedergemetzelten Menschen. Zu Hunderten waren die Köpfe der römischen Reittiere auf Lanzen als zauberwirkende Stangen aufgespießt worden. Für die Sieger der unter Arminius vereinigten Germanenstämme gehörte das Opfern der Pferde zu den wichtigsten ihrer Gebräuche. Die Häupter der Rösser wurden der Überlieferung nach mit aufgesperrtem Rachen in die Richtung gesetzt, aus der der Feind kam. Damit sollten die bösen Geister abgehalten und dorthin gelenkt werden, von wo die Bedrohung sich näherte. Die restlichen Körper der den Göttern geheiligten Tiere wurden gegessen. Bis heute haben sich die Bräuche bildlich überliefert. Insbesondere im Landeswappen von Niedersachsen. Die als in Holz geschnitzten Pferdeköpfe an den Giebeln norddeutscher Bauernhäuser dienen nicht der Zierde, sondern stehen im alten Aberglauben des Vertreibens und Abhaltens von unguten Einflüssen.

Auch in Gönningen oder Dettingen/Erms wurden auf den Roßfeldern Pferde als mythische Schutzgeister verehrt. Der Märchen-Forscher

Über die Baumwipfel der Kultstätten des großen und des kleinen Roßberges hatten unsere Vorfahren Kontakt mit ihren Naturgöttern.

War der kleine Roßberg eine keltische Fliehburg?

Jacob Grimm sah schon 1835 in einer Pfullinger Sage über „Hexen und Zauberer" auf dem Roßberg, die dort tanzten und in einem von großen Rappen gezogenen Wagen umherfuhren, einen wahren Ursprung.

Auf der Weide unterhalb des als Sonnenkult-Stätte noch heute bekannten Berges wurden demnach bis vor 1500 Jahren Pferde zu rituellen Kultzwecken gehalten. Als gewöhnliche Pferdeweide, wie der Name „Roßfeld" oberflächlich vermuten lässt, wurde die Hochfläche tatsächlich bis Mitte des 19. Jahrhunderts genutzt. Bis 1848 gab es dort auch Stallungen.Von Funden an gleichnamigen anderen Orten wissen wir aber, dass im Opfermonat September bevorzugt an Eichen-Hainen Pferdeköpfe zu Ehren der Naturgötter abgelegt wurden. Auch Eschen, Linden und Buchen galten bis zu den Alamannen als Mitgeschöpfe, in deren Wipfeln sich die Götter bemerkbar machten. Mit dem Blut der toten Tiere wurde die Sippe und ihr Vieh eingesegnet, das Fleisch gegessen und der Rest in den Ästen des geheiligten Waldes aufgehängt. Noch heute kursiert im Echaztal der Schimpfname „Füllesdriller" (Fohlenquäler).

Außenwälle sind dem kleinen Roßberg vorgelagert.

Grimm wusste noch, dass die Mähnen- und Schweifhaare als Mittel gegen üblen Zauber eingesetzt wurden. Den Kriegern signalisierte das Wiehern ihrer Pferde vor dem Kampf einen zu erwartenden Sieg. Blieb das heilbringende Zeichen aus, sankt der Mut der Kämpfer. In der „Tacitus Germania“ berichtet der römische Zeitzeuge:

„Eigentümlich ist dem Volk der Germanen, dass sie Vorgefühl und Mahnung von Pferden zu erfahren suchen. Glänzend weiß, von keiner Arbeit der Sterblichen berührt, werden solche in heiligen Wäldern und Hainen gemeinschaftlich gehalten und wenn sie den heiligen Wagen ziehen, begleitet sie der Priester oder König oder ein Oberster des Staates und beobachtet ihr Wiehern und Schnauben. Kein Vorzeichen hat größeren Glauben, nicht allein beim gemeinen Volk, auch bei den Angesehenen, bei den Priestern, die sich als Diener der Götter, die Pferde aber als der Götter Vertrauten betrachten.“

Für unsere Vorfahren hatte das auf uns barbarisch wirkende Pferdeopfer eine wichtige Bedeutung. Die intelligenten, lernfähigen und nachtsichtigen Tiere können schneller als der Mensch Dinge wahrnehmen. Weil sie zudem sensibel auf Wind reagieren, glaubte man in Verbindung mit dem Unsichtbaren – der Luft – Kontakt zum Totenreich herzustellen. Die Seelen der Ahnen, als „Mutes Heer“ im Rauschen der Baumkronen gedeutet, ritten auf Geisterpferden, voran Wodan (Odin) auf seinem Pferd Sleipnir.

Verehrt und geschlachtet: Pferde auf dem Roßberg.

Papst Gregor I. hatte um 600 zunächst vergeblich versucht, die bei uns herrschenden Franken unter Königin Brunhilde vom „abergläubischen Opfern der Tierköpfe“ abzuhalten. Bonifatius, der „Apostel der Deutschen“, der von 716-732 die Germanenmission betrieb, musste insbesondere bei den Thüringern das Verbot des Pferdeopferns nachdrücklich verschärfen. Archäologische Funde von geopferten Pferden finden sich auffallend oft in der Merowingerzeit (400 bis 800). In einer Siedlung in Meerbusch entdeckten die Forscher 1991 eine Opfergrube mit einem in sieben Teile zertrennten 12-jährigen Hengst. Die aufwändige Deponierung der einzelnen, nicht anatomisch geordneten Partien dokumentiert eine rituelle Handlung. Erst im 13. Jahrhundert wurde in einem Gesetz das Essen von Pferdefleisch hier zu Lande verboten. Seitdem erst gibt es in unseren Landen eine Abneigung gegen der Verzehr der Vierbeiner.

Der Kirche gelang es nicht nur, die alten Gebräuche auszurotten. Frankenkönig Karl erließ 794 das Gebot, die heidnischen Haine und Orte mit Gotteshäusern zu zerstören oder zu überbauen. Die Überreste einer Kapelle oder Einsiedelei auf dem Roßfeld – in diesem Buch auf Seite 62 beschrieben – weisen vermutlich auf einen einstigen Hain hin.

Doch auch der naturverbundene Glaube unserer Vorfahren wurde getilgt. Die wenigen weisen Frauen und Druiden (= Hexen und Zauberer), die die alte Natur- und Heilkunde bewahren wollten, wurden auch hier zu Lande auf dem Scheiterhaufen verbrannt.

Hunderte von Scherbenfunden, zumeist aus der Zeit von 500 bis 800 vor Christus, zeugen auf dem Roßberg von einer großflächigen, aber lockeren Besiedlung. Die vielen Überreste könnten aber auch auf eine häufig frequentierte „Wallfahrtsstätte“ hindeuten. Auf der Ostseite des 869 Meter hohen Gipfels scheint sich aufgrund der Fundhäufung eine Opferstätte mit Behausungen befunden zu haben. Der Reutlinger Dr. Theophil Rupp, der sich 1864 erstmals mit der mythologischen Bedeutung der Albberge befasst hat, sah das Roßfeld als zent-

Pferdeköpfe an den Giebeln norddeutscher Häuser weisen auf den alten Brauch der Pferdeopfer hin.

ralen Sammel- und Opferplatz für die Bewohner der Alb, des Wiesaz- und Steinlachtals. Auf der Hochfläche trafen demnach Pferde- und Sonnenkult zusammen: „Hier wurden die den Sonnen-Wagen ziehenden Hengste weidend gedacht."

Rätselhafter kleiner Berggipfel

Bereits um 1800 wurden Reste zweier Quell-Fassungen in dem Sattel zwischen dem großen und dem kleinen Roßberggipfel entdeckt. Hier gab es das lebensnotwendige Wasser. Möglicherweise wurde dann im Mittelalter Erz an Ort und Stelle verarbeitet. Rätselhaft ist aber vor allem die Beschaffenheit der kleinen, rund 40 Meter niedrigeren Roßbergkuppe. Bisher war man der Auffassung, hier hätte einst eine Burg gestanden. Doch Scherbenfunde, Grabungen oder gar schriftliche Hinweise, die ein Bauwerk an einer derart weithin sichtbaren Stelle belegen könnten, gibt es bislang keine. Eher würde der terrassenförmig ringsum bearbeitete Hügel mit Gräben und Wällen auf eine Befestigung aus der Zeitepoche hinweisen, wo man noch keine Schriftstücke verfasste. Dass der Berg bis vor einigen Jahrzehnten noch als Skischanze missbraucht und bebaut wurde, erklärt freilich nicht alle der tief in den Hang getriebenen Spuren von Menschenhand.

Vielleicht stand dort oben einst eine, wenn auch untypische, keltische Fliehburg, auf die man sich bei Gefahr rettete. Auch am Fuße des kleinen Berges auf der Roßfeld sind die Erhöhungen eines „äußeren" Schutzwalles deutlich zu sehen. Dieses wahrscheinlich ehemals mit Palisaden erhöhte Fundament gehört nicht zu den Befestigungsanlagen der Kriege, bei denen man am Albrand Schanzen anlegte. Sie passen von der baulichen Logik nur zur Höhenburg auf dem Gipfel. Das Vieh könnte von der Hochfläche hinter diese Umzäunung gebracht worden sein, wenn Gefahr drohte, während die Menschen auf der Kuppe Schutz suchten.

Die Keramikfunde rund um den großen Nachbarberg aus der Hallstattzeit sind der vorerst einzige Zeitnachweis. Noch unentdeckt sind die Häuser der Siedler. Forscher rechnen jederzeit mit Entdeckungen von Hausgrundrissen, Gruben und weiteren Funden aus Ton, Bronze und Eisen.

Feuerräder hinab ins Tal

Nordöstlich des Roßberges erstreckt sich der vorspringende „Ran(k)kapf". Nach altdeutschen Wörterbüchern kommt „ran" von „zielen, nach etwas trachten". Auf diesem „Ziel-Punkt" sollen noch die Teenager des 19. Jahrhunderts einem uralten Brauch gefrönt haben, indem sie sich hier mit ihren „Sonnenrädern" positionierten. Östlich des „Rankkapfes", direkt unter dem großen Roßberg, im Gewann „Lohern", früher „Auf Lauern"(!) saßen die Mädchen und warteten, um die den Berg hinabrollenden Räder zu erspähen. In einer alten Überlieferung heißt es: „Sie flechten ein alt Wagenrad voller Stroh, tragen´s auf einen hohen jähen Berg, haben den ganzen Tag (so sie für die Kälte bleiben mögen) einen guten Muth mit vielerlei Kurzweil, Singen, Springen usw., zünden sie das Rad an und lassen's mit vollem Lauf in's Tal hinab laufen, dass es anzusehen ist, als ob die Sonne vom Himmel fiele."

Theophil Rupp meint, dass die Mädchen bei diesem Fest die in die Luft geschleuderten Räder mit erotischen Gedanken in Verbindung brachten. Denn die Germanen dachten sich die Erzeugung des himmlischen Feuers analog mit dem Akt der Zeugung – Hinweis auf eine bei uns bis in die Neuzeit verwurzelte Verehrung des Sonnengottes Fro, der auch der Beschützer der Ehen war, sowie der Fruchtbarkeits- und Liebesgöttin „Freja". Wie „Wodan" im Mittwoch („Wednesday/Wodanestag") überdauert hat, so lebt die zweitwichtigste Göttin unserer Vorfahren im Freitag weiter („Friday/Freyatag"). Die katholische Kirche hat übrigens bei der „Bekehrung der Heiden" diese beiden hochverehrten Götter nicht aus dem Glauben der Bevölkerung wegmissionieren können und ihnen deswegen nur andere Namen gegeben: Johannes und Heilige Maria. Am Fuße der Pfullinger Wanne, nicht weit vom Roßberg war eine Kapelle „der lieben Frau" geweiht, was nach Jacob Grimm eindeutig auf „Freya" hinweist.

Ein weiteres Indiz auf den Sonnenkult am Roßberg liefert der benachbarte „Scheibenwasen", der an der Pfullinger Stuhlsteige als „Scheibenbergle" und in Reutlingen als „Scheibengipfel" überdauert hat. Er deutet auf das vor allem noch in Tirol (und zum Ende der Fastnacht auch zwischen Bodensee und Zollernalb) gebräuchliche Schei-

Gibt der Wissenschaft noch Rätsel auf: der kleine Gipfel auf dem Gönninger Roßfeld.

benschlagen hin. Dahinter steht die Überlieferung der ältesten Feuerzubereitung durch die Perser und Germanen, wobei ein Rad mit einem harthölzernen Quirl bis zur Entzündung gedreht wurde. Das Scheibenschlagen bezog sich auf den Sonnen- oder Donnergott (Gewitter) und hing mit dem Johannisfeuer der Sommersonnenwende zusammen.

Das verborgene „Sättele“

Lag auf einer Eintiefung des Pfullinger Ahlsberges eine Siedlung?

Das „Sättele“ – eine immerhin 762 Meter hohe Eintiefung im Herzen des Ahlsberges. Doch kein Wanderweg führt auf die versteckt gelegene Hochfläche, die durch die umliegenden Höhenzüge ringsherum überragt wird. In dieser Abgeschiedenheit siedelte möglicherweise vor dreitausend Jahren ein Volk der Bronzezeit.

Von keiner der beiden alten Verkehrsrouten auf die Alb, die Stuhlsteige und der Straße durchs Echaztal, ist das „Sättele“ auszumachen. Nur aus weiter Ferne, den Härten und den Fildern oder vom Holzelfinger Albrand, kann man den Berg sehen. Diese Eintiefung, wie der Name „Sattel“ schon bildlich sagt, wird von den Graten des Wackersteins, Schönbergs, des Lippentaler Hochberges und des Won im Süden schützend mit bis zu 80 Metern überragt.

Eingebettet von umliegenden Höhenzügen – das „Sättele“.

Und rund 150 Meter Höhenunterschied muss jeder Wanderer erst mal hinter sich bringen, egal aus welcher Richtung er den Fuß des „Sätteles“ ansteuert. Ob vom Unterhausener Reißenbach-Tal oder von Genkingens Nebelhöhle aus. Oder von Pfullingen kommend, durchs Lippental im Osten und dem Maustäle im Westen des Ahlsberges.

Diese mitunter schwer zugängliche Abgeschiedenheit scheint vor langer Zeit Menschen angelockt zu haben, die sich auf der Hochfläche des „Sättele“ ansiedelten.

Das dreieckige ebenerdige Plateau mit einem Umfang von etwa fünfhundert Metern ist von Steilhängen umgrenzt und bedurfte keiner künstlichen Absicherung. Wanderern kommt mitunter die im Wald auftauchende stattliche Erhebung mit etwas Fantasie wie die Grundfeste einer versunkenen Burganlage vor.

Die Südspitze des ebenerdigen „Sättele“-Plateaus. Lebten hier vor 3000 Jahren Menschen?

Mindestens zwei stark eingeebnete Grabhügel, für den Laien als solche nicht zu erkennen, sollen Spuren einer einstigen Besiedlung bezeugen. Ob es sich bei der Verflachung auf der Westseite des Hanges um einen Erdrutsch oder den Rest einer angelegten Wegtrasse handelt, vermag man jedoch nicht mit Sicherheit zu sagen.

Fundierte Grabungen, die es bislang nicht gab, könnten Siedlungsreste eines Volkes aus der Bronzezeit zum Vorschein bringen. Pfullingens verstorbener Heimatbuch-Autor Dr. Wilhelm Kinkelin hatte offenbar in den 1920er Jahren Indizien für eine Wohnstätte gefunden.

Das „Sättele“ würde als Höhensiedlung Parallelen zum benachbarten „Rösslesberg“ aufweisen. Funde, die in einem Waldgebiet südlich des „Sätteles“ und am „Kehlplatz“ entdeckt wurden, sind beim Landesdenkmalamt gelagert: Keramik- und Scherben- und Einzelstücke aus der mittleren Bronze- und der Urnenfelderzeit (so um 1300 vor Christus).

Falls eines Tages Archäologen die These einer Höhensiedlung bestätigen sollten, bliebe noch zu klären, ob der verschollene Ortsteil der Stadt Pfullingen oder der Gemeinde Lichtenstein zugesprochen wird.

Rätselhafte Wehranlage

Was hat es mit einer Burgruine bei Genkingen auf sich?

Da kann wohl kaum ein anderes Dorf auf der Albhochfläche mithalten: Von den insgesamt ein Dutzend bislang bekannten Burgruinen am Reutlinger Albtrauf gibt es in Genkingen gleich drei. Und eine davon gibt der Forschung bis heute offenbar unlösbare Rätsel auf.

Mindestens zwölf Burgruinen am Nordrand der Alb zwischen Gönningen (Alt-Stöffeln/Stöffeln) und der Achalm erinnern bis in unsere Tage an längst vergessene Adels-Geschichte(n) des Mittelalters. Das burgenreiche Obere Echaztal kann allein sechs Anlagen auf Lichtensteiner Markung vorweisen (Unter-/Ober-Greifenstein, Hochbiedeck, Stahleck, Alt-Lichtentein). Von all diesen Talhang- und Felsen-Burgen gibt es zumeist einige sichere, oft aber auch nur vage Hinweise auf deren Entstehungszeit oder zumindest auf die Bewohner und Besitzer.

Völlig im Dunkeln liegt jedoch die Geschichte einer der drei Genkinger Burgen. Die Steinreste dieses überaus rätselhaften Burgstalls

Niemand weiß bislang, wer die rätselhafte Genkinger Ruine am Albrand erbaut hat und wie lange sie von wem bewohnt war.

Verfällt unaufhörlich weiter: Die unbekannte Festung oberhalb des Ramstals.

thronen auf einem bewaldeten, engen und felsigen Sporn in 780 Meter Höhe, rund einen Kilometer nördlich des Sportplatzes. Wenn man sich vom Ort kommend über die Hochfläche der Anlage nähert, wird das Weitergehen durch einen acht Meter breiten und und fast sechs Meter tiefen Graben gestoppt. Dahinter zieht sich die spitze Burganlage auf acht Metern Breite und fast 40 Metern Länge nach Norden. Rechts begrenzt durch den natürlichen Steilhang, links durch ein durchbrochenes Graben-Wall-System, das sich bogenförmig bis zum nördlichen Spitz-Teil der Anlage zieht.

Die Grundmauern eines einstigen Turmes deuten darauf hin, dass dies wahrscheinlich das einstige Hauptgebäude der Anlage war. Das aus Fels gespitzte Fundament hat die Innenmaße von rund vier auf 4,5 Meter. Außen misst der verfallene Wohnturm sieben auf fast acht Meter. An der Westseite führt ein schmaler Pfad ins 180 Meter tiefer gelegene Ramstal. Er stammt wohl nicht aus der Bauzeit der Burg, mit der man sich den Herrschaftsbereich gegen das Tal absicherte.

Man geht davon aus, das die älteste der drei Genkinger Burgen das im Ort gelegene „Steinhaus" ist, von dem bis 1968 immerhin noch der Burggraben zu sehen war. Von der zweiten Burg, dem durch eine Sage bekannten, aber verfallenen „Hohen Genkingen" (am Ortsende rechts oberhalb des Doppel-Parkplatzes an der Straße zum Lichtenstein), wird das 12. Jahrhundert als Gründungszeit angenommen.

Deswegen, weil in dieser Epoche ein „Ritter Rather von Genkingen" mit seiner Frau und den zwei Söhnen Konrad und Eberhard lebte. Sie sind 1100 die ersten genannten Adeligen des Ortes und waren Ministrale der Grafen Kuno von Achalm. Vielleicht waren sie selbst die Bauherren dieser beiden Burgen – oder es war deren spätere Verwandtschaft: Um 1182 residierte noch ein adeliger Heinrich in Genkingen. Im 13. Jahrhundert sind mindestens fünf Ortsherren mit Verbindung zum Grafen von Urach schriftlich erwähnt.

Die Lager des rätselhaften Burgstalls als Spornburg lässt bauliche und geografische Vergleiche mit ähnlichen Anlagen zu. Daraus lässt sich ableiten, dass sie die jüngste der drei Ruinen ist; spätestens im 13. Jahrhundert erbaut. Vielleicht waren die Burgherren die Gönninger Stöffler, die hier einen strategischen Außenposten hatten.

Vielleicht aber taucht im Schutt des alten Herrensitzes eines Tages ein in Stein gehauenes Familienwappen auf. Das könnte uns wohl einzig Aufschluss darüber geben, wer vor achthundert Jahren am Albrand in kalten, zugigen und steinernen Räumen hauste. Oder sich bei kriegerischen Fehden an diesen heute idyllischen Ort flüchtete – in einer aber ganz und gar nicht romantischen Ritterzeit-Epoche.

Nördliche Ausläufer der Ruine.

Bollwerk Honauer Steige.

Die Alb-Schanz-Anlagen des „Kirschen-Krieges“

Als eine 24.000-Mann-Armee auf Reutlingen marschierte

Hunderte Meter Gräben und Wälle durchziehen den bewaldeten Albrand des Drackenberges unterhalb der Eninger Weide. Sind es Befestigungs-Überbleibsel von Höhensiedlungen aus der vorchristlichen Zeit oder Fundamente von großen Viehgehegen? Wie bei vielen rätselhaften Anlagen steckt vermutlich hinter dem Geheimnisvollen das Militär: Im Jahre 1631 verschanzten sich im während der Ernte im Juni so genannten „Kirschenkrieg“ an der Steige bei Eningen und Honau württembergische Soldaten, um die Tal-Abstiege gegen den Feind zu verteidigen.

Das Deutsche Reich im Jahre 1631. Seit dreizehn Jahren wütet ein unsäglicher Krieg zwischen dem Kaiser mit seinen katholischen Verbündeten und der protestantischen Gegenseite, zu denen Württemberg und die freie Reichsstadt Reutlingen zählten. Bislang ist die hiesige Region von den Wirren des „Dreißigjährigen Krieges“ verschont geblieben – abgesehen von Durchmärschen und Einquartierungen.

Das ändert sich, als im April 1631 die evangelischen Stände den „Leipziger Bund“ eingehen. Reutlingen stellt daraufhin zur Absicherung der befestigten Stadt am 19. Juni eine 300 Mann zählende Einheit auf. Bürger und Bauern bilden das Fußvolk, dazu kommen 25 Berittene. Matthäus Berger wird zum Stadtleutnant ernannt.

Inzwischen hat der Kaiser ein Heer von 24.000 Mann in Bewegung gesetzt, um diesen protestantischen Zusammenschluss zu zerschlagen. Der Graf Egon von Fürstenberg zieht von Bayern die Donau entlang, um über die Alb nach Tübingen zu gelangen. Dort soll das württembergische Heer des Herzogs Julius Friedrich angegriffen werden. Ulm ist gefallen, Ehingen, Riedlingen und Zwiefalten sind gebrandschatzt. In Münsingen, so berichtet das Reutlinger Heimatbuch, verbreitet das Heer „durch Raub, Mord und Brand einen solchen Schrecken unter dem Landvolk, dass alles floh und in den Wäldern und Höhlen Schutz suchte.“

Die Flüchtlinge von der Alb kamen nach Pfullingen und Reutlingen. Sie berichteten, ohne das Ausmaß der heranrückenden Feinde einschätzen zu können, lediglich von einzelnen umherschweifenden Soldaten. Daraufhin rückte am 25. Juni eine Landmiliz aus Pfullingen unter Führung des herzoglichen Kellereiverwalters Carlin Jung auf die Honauer Steige. An der heute noch sichtbaren Stelle „Schänzlein“ (direkt hinter der Gaststätte) wurde die Erde abgegraben und aus Baum-

Hinweis-Schild auf die Verteidigungs-Schanze an der Honauer Steige: Im Hintergrund der „Tobelkapf", wo die anrückenden Feindtruppen beobachtet wurden.

ästen, Steinen und Erde ein Wall ausgehoben. Damit sollte den anrückenden Soldaten der Abstieg ins Echaztal verwehrt werden. Zu den Pfullingern stießen bald hundert Reutlinger unter dem Leutnant Berger dazu. Da sich bis zum Abend kein Feind blicken ließ und ein gewaltiges Unwetter aufzog, gingen die Pfullinger nach Klein-Engstingen, um dort in den Scheunen ihr Nachtquartier zu beziehen. „Der gewissenhafte Berger aber blieb mit seiner Kompanie die ganze Nacht an der Steige", heißt es in der Chronik des Lorentius Hoffstetter von 1690. Auf dem „Tobelkapf" wurden Schildwachen postiert.

Als dann am Sonntagmorgen des 26. Juni die Pfullinger wieder auftauchten, gab deren Führer „seinen Leuten ein schlechtes Beispiel", da er den Befehl zum Abzug ins Tal aussprach und die Reutlinger allein an den Schanzen zurückließ.

Zwischenzeitlich traf in der Stadt Reutlingen Verstärkung ein. Die Kompanie war jedoch „etlich Tag unausgesetzt marschiert und dessen Volk ausgemattet." Berger, am Albrand, erhielt daher von einem Boten einen Befehl der Ratsherren „die angewiesenen Posten zu verteidigen." So lagen die Reutlinger Soldaten den zweiten Tag in der Honauer Steige. Gegen 16 Uhr kam erneut ein Postillion, mit der Anweisung, sofort ins Tal zurückzukommen, da Späher gemeldet hätten, dass der Feind nicht aus ein paar versprengten Gruppen, sondern „sehr stark wäre und einen Anschlag auf Reutlingen plane."

Nun galt es also die Stadtmauern zu verteidigen. Doch am Montag, 27. Juni, riefen zunächst die Pfullinger um Hilfe bei ihren Nachbarn:

Die Vorhut des Feindes stand noch auf der Alb, hatte bereits Holzelfingen geplündert „und selbst die Kirche nicht verschont." Leutnant Berger rückte abermals in die Honauer Steige hoch, um den Pass zu sperren; 50 Mann stark war das Kontingent. Dieselbe Anzahl half bei der Sicherung Pfullingens mit.

Als sich die umherstreifenden Korps der Kaiserlichen dem Traifelberg näherten, kam es zum Kampf. Feindliche Soldaten wurden gefangen genommen und nach Pfullingen verbracht. Am Sonntagabend traf in der Reichsstadt erneut Nachschub aus Stuttgart ein: Major Konrad Wiederhold mit dreihundert Musketieren. Während ein Teil der Truppe in Eningen stationiert wurde, besetzte der Rest die (einstigen) Albsteigen oberhalb des Ortes.

Bei diesen Befestigungen handelt es sich vermutlich unter anderem um die heute noch im Wald sichtbaren Wälle, die vermutlich am Oberen Bürzlenberg beginnen. Sie ziehen sich westlich bis zum 654 Meter hohen Albrand. Von dort gehen die stellenweise noch anderthalb Meter hoch erhaltenen hohen Schanzen südlich den Trauf entlang durch den Drackenberg, um dann wieder einen Bogen nach Osten bis zum Waldstück „Im Trieb" zu machen. Zur Zeit des Dreißigjährigen Krieges gab es dort noch keinen Wald, sodass man von den hufeisenförmigen Befestigungen aus einen freien Blick auf die Eninger Weide hatte.

Die Schanzen bilden auch eine Art Vegetations-Grenze: hangabwärts dichte und bewirtschaftete Buchenwälder. Jenseits der Gräben

Wallähnliche Erhebungen ziehen sich am Albtrauf oberhalb Eningens entlang. Hier verschanzten sich im Dreißigjährigen Krieg württembergische Soldaten gegen ein von der Donau anrückendes Katholiken-Heer.

jedoch ein übergangsloser 50 Meter breiter Streifen mit anderen Baumarten, wie bizarr wachsenden Hainbuchen. Das ist darauf zurückzuführen, dass man damals die noch nicht aufgeforstete Weidefläche mit dichtem Hecken-Bewuchs eingrenzte. Die parallel dazu verlaufenden Schanzen könnten abschnittsweise auch als „Viehgatter" gedient haben.

Nach der Hoffstetter-Chronik bekommen es am Dienstagmorgen des 28. Juni 1631 die Reutlinger Ratsherren wegen der sich nähernden kaiserlichen Armee mit der Angst zu tun und ziehen das Militär abermals von den befestigten Schanzen in Honau und Eningen zum un-

In der Honauer Steige lagen im „Kirschenkrieg" Reutlinger und Pfullinger Truppen.

mittelbaren Schutze der Stadtmauer ab. Im Heimatbuch von 1913 schildert Karl Rommel die Ereignisse wie folgt:

„Dem kaiserlichen Heer stand nun der Weg ins Echaztal überall offen, und bald sah man auch die feindlichen Scharen von den Höhen der Alb herniedersteigen: Reiter, Musketiere und Kanoniere, Kroaten und Wallonen, etwa 24.000 Mann. Im Tal angekommen, ging's über die offenen Ortschaften her, die ausgeplündert und aufs ärgste drangsaliert wurden. In Eningen wurde die Kuh- und Kälberherde von der Weide genommen, das Dorf ausgeraubt und beim Abgang in sechs Häusern Feuer geworfen. Der Schaden belief sich auf 32.000 Gulden."

Am Abend den Mittwochs, so heißt es in der Hoffstetter-Chronik, forderte General Fürstenberg „durch einen Trompeter und Schreckkapitän" die Stadt Reutlingen zur Übergabe auf. Die Belagerten baten um Bedenkzeit, da sie sich Hilfe von der württembergischen Armee in Tübingen erhofften. Bei der Verbarrikadierung der Stadttore tat sich der Berufsoffizier Wiederhold, der zuvor in den Eninger Schanzen lag, besonders hervor: „Darbey sich der Herr Major trefflich und männlich brauchte und seine treffliche Dappferkeit, Erfahrung in Angebung der nöthigsten Sachen genugsam am Tage gabe und unss gerne, wo möglich gewesen, helffen und retten wolte."

Doch am frühen Morgen des 30. Juni beschloss schließlich der Rat die Übergabe der Stadt – um ein Blutvergießen zu verhindern –, jedoch unter der Bedingung, „dass Religion, bürgerliche Freiheit und Eigentum nicht angetastet werden." Fürstenberg handelt 5.000 Floren (kaiserliche Silbermünzen) aus und die Versorgungen zweier Kompanien mit Proviant und Sold. Bereits am 1. Juli zog das Heer weiter. Dabei wurde Gomaringen ein sechstes Mal von den marodierenden Kroaten und Welschen ausgeplündert „und die Leute, die sich nicht in die Wälder geflüchtet hatten, gemartert. Der 85-jährige Schultheiß Kaspar Luz wurde mit anderen zu Tode gequält."

Die erwartete Schlacht bei Tübingen gab es aber nicht. Denn auch der württembergische Herzog kaufte sich frei. Das war im Dreißigjährigen Krieg an der Tagesordnung: Weil die Unterhaltung der Heere kostspielig war, blieben sie meistens klein und wurden ungern in einer Schlacht aufs Spiel gesetzt. Vielmehr richtete sich die Dauer eines Feldzuges nach der Kriegskasse.

Die Hoffstetter-Chronik resümiert diesen als „Kirschenkrieg" benannten Abschnitt des dreißigjährigen Kämpfens, dass „zu Reutlingen das beste ist gewesen, dass der Höchste alles ohne Blutvergießen und Brand abgehen ließ, ausgenommen in den Flecken. Da gienge große Plünderung, Trangsall und Ehlend vorüber, so kaum auszusprechen al das viel ihre Leben darüber einebüssen mussten."

Die Stadt feierte alle Jahre bis zum Beginn des 19. Jahrhunderts den Tag Petri et Pauli (30. Juni) als „einen Tag des Heils und miraculoser Redemption hochfeierlichst." Manche Bürger fasteten sogar an diesem Tag.

Das Dorf eines vergessenen Volkes

Siedelte ein vor-keltischer Stamm auf dem Rößlesberg?

Nur auf einem schmalen Felsrücken ist er zugänglich – der Rößlesberg an der Steige nach Genkingen. Auf dem 716 Meter hohen Gipfelplateau hat der Wald Besitz ergriffen von der Ansiedlung eines in Vergessenheit geratenen Volkes aus der Bronzezeit, das einst über dem Wiesaz- und Ramstal thronte.

Der auffallende und kaum zugängliche Bergkegel oberhalb des Straßenabschnitts zwischen den Gönninger Seen und der Genkinger Steige ist bis heute unerforscht und damit weiterhin rätselhaft geblieben. Dabei lassen die wenigen Funde auf eine Hunderte von Jahren andauernde Besiedlung schließen.

Glücklicherweise konserviert der Wald auf dem von Bewirtschaftung oder gar Bebauung verschonten Rößlesberg uralte Siedlungsgeschichte. Einzelne gefundene Scherben geben in etwa den groben Rahmen dieser Epochen wieder, sie reichen von der Jungsteinzeit bis ins Mittelalter.

Abseits der Hauptwanderrouten ragt der bewaldete Bergkegel hervor. Westlich und nördlich des Gipfels fallen die Hänge gefährlich steil ab. Sie mussten nicht extra gegen mögliche Aggressoren durch Wälle verteidigt, eher zum Selbstschutz mit Zäunen versehen werden. Denn es gab nur zwei Zugänge auf das dreieckige, rund 60 auf 150 Meter große Plateau. Zum einen über einen Zufahrtsweg am steilen Südosthang, der mittlerweile abgerutscht ist. Dort, wo die Trasse den Gipfel erreicht, sind noch die Reste eines Zangentors zu erkennen: eine Zugangsstelle, mit einwärts gebogenen Wall-Enden; quasi der Vorgänger einer heutigen Drehtüre. Hier konnten nur wenige Personen auf einmal auf die Höhenanlage gelangen.

Der zweite, heutige einzige Zugang, war von Südwesten her möglich, aber nicht einfach. Er führte über eine gewaltige künstliche Rampe. Schon beim Aufstieg über den eingeschmälerten Bergrücken stößt man auf einen zehn Meter langen und drei Meter breiten Graben. Hinter ihm sind noch die Reste eines ehemaligen Steinwalls zu entdecken.

An der Südost-Seite im Hang sicherte zudem ein Graben mit vorgelagertem Wall, fünf Meter unterhalb der Kante, die Hochfläche. Diese Befestigung umschließt auch noch die gesamte Ostspitze des Berges. Geht das auf mittelalterliche Bauherren zurück?

Reste eines Zangentors auf dem Gipfel des Rößlesberges.

In den Wurzelballen der umgestürzten Buchen auf dem Rößlesberg finden sich ab und an Spuren menschlicher Behausung.

Ein Oberlehrer Müller aus Zuffenhausen fand im Jahre 1927 mittelalterliche Scherbenreste auf dem Rößlesberg. Und 1969 wurden Steinzeit-Utensilien entdeckt. Doch andere, häufigere Funde lassen die Vermutung zu, dass die Haupt-Besiedlung in der Bronzezeit lag, also in einer wenig erforschten Epoche, die achthundert Jahre vor Christus zu Ende ging.

Darauf deuten im Nordwest-Hang einzelne rechteckige Terrassen hin, so genannte Podien. Hier wurden im tiefschwarzen Boden vorgeschichtliche Scherben gefunden; Überbleibsel eines uns rätselhaften vor-keltischen Volkes.

Mit der Einschränkung, dass eine schon vor über 20 Jahren angekündigte systematische Groß-Grabung andere Ergebnisse bringen könnte. Denn wie aussagekräftig die zu erwartenden Hausgrundrisse, Vorratsgruben und weitere Funde aus Ton, Stein, Bronze und auch Eisen wären, könnte sehr spannend werden.

Wenn aber die bisherigen Thesen zuträfen, lag auf dem Rößlesberg zur Blütezeit Trojas eine für die damalige Zeit in unserer Region große Siedlung; ein stattliches Dorf, so man sich den heutigen Wald wegdenkt. Von dort oben konnten quasi fünf Täler rundherum eingesehen werden, womit man auch die strategische Nutzung dieses Berges

Wohnten Menschen in der Bronzezeit in solchen (heute von Kinderhand erbauten) Hütten?

nicht außer Acht lassen darf. 65 Meter unterhalb des Gipfels lag die lebensnotwendige Quelle. Und irgendwo am Bergfuß müssten die noch nicht entdeckten Grabstätten liegen.

Eine gewaltige Rampe ist der einzige Zugang zur Hochfläche.

Bestattungsstellen der Bronzezeit gab es noch im 19. Jahrhundert in unserer Gegend zu Hunderten, bevor die Landwirtschaft sie größtenteils beseitigte. Den wenigen Grabungen aus dieser Zeit stehen aber fast völlig fehlende Erkenntnisse des Siedlungswesens gegenüber. Wir wissen lediglich, dass diese Menschen exponierte Höhenlagen bevorzugt und Schutzanlagen gebaut haben. Ob seinerzeit regionale Kriege geführt wurden, umherziehende Banden ihr Unwesen trieben, wilde Tiere die Menschen bedrohten oder sich Sippen nur einem menschlichen Schutzbedürfnis hingegeben haben, sind nur einige von vielen noch zu klärenden Fragen.

Geobiologe Gerhard Salzer bringt die „*Staphylea pinnata*" mit Energie-Feldern in Verbindung.

Der Totenkopfbaum

Sagenhafte Pflanzen zwischen alten Burggemäuern

Man hat sie in den Ruinen der Andeck bei Talheim, der Stöffelburg über Gönningen, an Urachs Rundem Berg und in Lichtenstein entdeckt – die in der Region eigentlich nicht wild wachsende „Staphylea pinnata“, auch „Pimpernuss“, „Rosenkranzstrauch“ oder „Totenkopfbaum“ genannt. Um das Laubgehölz ranken sich die Legenden.

Eine Legende aus dem 14. Jahrhundert erzählt von Nonnen in der Steiermark, die sich kurz vor einem Angriff auf ihr Kloster selbst verstümmelten. Sie schnitten sich die Nasen ab, um der Schändigung durch Soldaten zu entgehen. Dort, wo sie die Nasen vergruben, soll dann ein „Staphylea“-Strauch gewachsen sein.

Das gehäufte Vorkommen dieses vier Meter hohen Strauches mit den klappernden, sprich pimpernden Kapselfrüchten scheint sich in der Region auf mittelalterliche Burgruinen zu beschränken.

Erst südlich der Donau taucht diese einst in der Vor-Eiszeit heimische Pflanze sporadisch auf, beheimatet ist sie heute unter anderem im Kaukasus. Vor Millionen vor Jahren, das ergaben Fossilienfunde, gehörte sie in unserer Region wie heute Löwenzahn zur Flora und Fauna. Die Pflanze wich vor den heranrückenden Gletschern in wärmere Gebiete aus. Nach der Klimaverbesserung versperrten ihr aber die Alpen und die Pyrenäen den Rückweg. Und die Arten, die es schafften sich über die Landbrücke von Asien nach Nordamerika zu verbreiten, konnten wegen der entstehenden Ozeane nicht mehr nach Europa zurück.

Auffallend oft finden wir diese „Spätheimkehrer“ in der Nähe von Klöstern oder Burganlagen. So gibt es im Fürstentum Liechtenstein nur eine einzige Stelle, wo die dort streng geschützte „Staphylea pinnata“ wächst. Die Nähe zu den einstigen Adelssitzen liegt mitunter daran, weil die dann durchgestochenen Früchte im Mittelalter als Rosenkränze aufgezogen wurden. Wohl nicht ganz ohne Grund: Die Geobiologen Gerhard Salzer und Karl Benz haben nachgewiesen, dass an der Stelle, wo die Sträucher wachsen „unheimlich starke Energiefelder“ zu messen sind. Die Quelle der Strahlenintensität kommt dabei erstaunlicherweise nicht nur vom Erdinneren her, sondern auch aus dem Kosmos.

Als anschauliches Beispiel für Skeptiker hat Salzer ein mit Kirschkernen gefülltes Kopfkissen durch Pimpernüsse ausgetauscht. Der Versuch, darauf einzuschlafen, brach der Forscher nach wenigen Minuten ab: „Ich dachte, mein Kopf implodiert.“ Vor allem in der Blütezeit An-

Sagenhafte Kapselfrüchte.

fang Mai strahlen die bis zu vier Meter hohen Sträucher derart, dass empfindliche Menschen bei längerem Aufenthalt in deren Nähe gar Schwindelanfälle bekommen können.

Karl Benz, der die geschützte Pflanze im Garten kultiviert hat, greift bei Erschöpfungsphasen vor dem Computer in ein kleines Schälchen mit den Pimpernuss-Kernen, um quasi die eigene „leere Batterie" wieder aufzulagen. Vergleichbare Energieschübe, gewissermaßen also eine Art religiöser Erleuchtung, könnten den Rosenkranz-Betern widerfahren sein.

Das mittlerweile verloren gegangene Wissen unserer naturverbundenen Vorfahren haben die Leute aus dem frühen Mittelalter wohl von den Kelten übernommen. Funde belegen, dass diese die „Totenkopfbäume" auf die Gräber ihrer Verstorbenen pflanzten, oder sie beilegten.

Dabei kann es eine Rolle gespielt haben, dass die kugeligen Samen der „Staphylea" die Form eines menschlichen Totenkopfes haben. Wahrscheinlicher ist, dass die Kelten durchaus die „positive Energie", die diese Pflanze speichert, in ihren Bestattungskult aufnahmen. Die nicht genießbaren Früchte wurden zudem bereits in den Überresten der Pfahlbauten-Siedlungen aus der Bronzezeit entdeckt.

Das Auffinden dieser Sträucher bei den Ruinen der Gönninger Stöffelburg, der Talheimer Andeck, des Uracher Hohen Berges und im Lichtensteiner Schlossgarten liefern Indizien für deren Bauzeit. Mit ziemlicher Sicherheit standen diese Burgen nämlich auf den Resten frühgeschichtlicher Wehranlagen. Und die Pflanzen sind vielleicht der lebende Beweis dafür, dass Stöffelberg und Andeck Höhensiedlungen der Kelten oder eines anderen unbekannten Volksstammes aus der

Das „Immergrün": Symbol des ewigen Lebens.

Bronzezeit gewesen sind. Anders herum betrachtet kann man über das Auffinden dieser Strauchschicht vielleicht auf keltische Siedlungsspuren stoßen.

Das Vermächtnis der Kreuzritter

Ausgedehnte, dunkelgrüne Teppiche ziehen sich durch lichte Wälder, unterbrochen von kurzen Zweigen mit himmelblauen Einzelblüten. Das „Immergrün" ist das Vermächtnis der Kreuzritter, die diese Pflanze von ihren Fahrten ins Heilige Land mit nach Europa brachten. Das Vorkommen des, wie der Name schon sagt, immer grünenden Gewächses ist ebenfalls ein eindeutiger Hinweis auf eine Burganlage. Gab es doch im Mittelalter kaum einen Burggarten, der ohne die „vinca minor" ausgekommen ist.

Wächst bevorzugt in Burgruinen – die „Staphylea pinnata".

Es müssen aber nicht Burgen sein: Die Archäologie kann durch das „vinca"-Vorkommen verschollene Siedlungen aufspüren. Insbesondere dann, wenn die Wüstungen vom Wald überwachsen wurden. Da die Pflanze nährstoffreiche Standorte braucht, sucht sie auch gerne bewohnte Siedlungsrandgebiete auf. Im Rheinland konnten über das Auffinden der lederartigen Immergrün-Teppiche zuverlässig römische Siedlungsplätze in halbschattigen Wäldern entdeckt werden.

Das „Immergrün" wird in einigen Gegenden zu Braut- und Totenkränzen geflochten oder gegen Blitzschlag am Haus aufgehängt. Im Mittelalter war es gar in manchem Liebestrank enthalten. Im Jahre 1539 wird „vinca minor" als Gurgelwasser zubereitet gegen Angina, 1554 gegen Nasenbluten empfohlen. Man hielt es lange Zeit auch als Mittel gegen Lungenkrankheiten. Der neueste Forschungsstand weist in „vinca" ein Alkaloid nach. Es soll gefäßerweiternd und blutdrucksenkend wirken. Die Homöopathie verwendet die Essenz aus der frischen, blühenden Pflanze gegen Hautkrankheiten.

Der Friedhof der Eiszeit-Tiere

Ungewöhnliche Tierknochen in einer kleinen Höhle bei Lichtenstein

Tausende von Menschen besuchen jährlich die Nebel- oder Bärenhöhle. Dabei gibt es allein auf der Reutlinger Alb weit über 100 andere Höhlen, meist nur wenigen bekannt und viele nur grob erforscht. Einen für die Gegend sensationellen Fund machten Hobby-Höhlenforscher bei Lichtenstein. Sie entdeckten Knochenreste von zehn verschiedenen Säugetieren der Eiszeit. Doch wie gelangten ein Mammut und ein Pferd durch eine schmale Felsspalte?

Der kleine Höhleneingang geht vom Erdboden senkrecht in die Tiefe. Man sieht ihn erst, wenn man mitten im Wald kurz davor steht. 14 Meter tief führt der dann bis zu zwei Meter breite Schacht in das Erdinnere der Albhochfläche, um sich bis zu 40 Meter Länge seitlich auszubreiten. Dort stießen Hobby-Höhlenforscher auf Knochenreste.

Fachleute sammelten vor Ort die Funde ein. Ein für die Gegend sensationeller Fund: Auf kleinstem Raum lagen die Überreste von Höhlenlöwen, Mammut, Pferd, Bär, Wolf, Eisfuchs, Eiszeit-Rothirsch und Reh, Wildschwein, Marder und acht verschiedenen Mäusearten.

Der Paläontologie-Professor Wighart von Koenigswald schätzte aufgrund des gut erhaltenen Schermaus-Skeletts das Alter der Tiere auf über 180.000 Jahre. Die Funde von Lichtenstein stammen aus der Endphase der Riss-Eiszeit, (benannt nach der Gletscher-Ausdehnung, die bis Oberschwaben reichte) als sich wieder angenehmes Klima einstellte.

Was liegt unter den Gesteinsmassen des „Aufberger Lochs" begraben?

Mit den von der Universität Tübingen gesicherten Funden ist vermutlich erst die „Spitze des Eisberges“ entdeckt worden. Denn die Höhle scheint teilweise eingefallen zu sein. Unter den Steinbrocken liegen weitere Skelette. Oder es ist eine Einsturzdoline, die sich über nachgebrochenen unterirdischen Hohlräumen gebildet hat.

Gibt es vom „Aufberger Loch“ eine Querverbindung zur Eiszeit-Tier-Höhle?

Wie lässt sich sonst erklären, dass durch einen kleinen Spalt ein Mammut und ein Pferd in die Grotte gelangen konnten. Koenigswald könnte sich vorstellen, dass die Tiere unter die überhängenden Felswände einer bereits bestehenden Doline gefallen sind. Der nachfolgende Schuttkegel hätte einen Hohlraum ausgespart. Aber wenn man auch erst einen kleinen Teil der Fundstätte sondiert hat, stellt sich die weitere Frage, ob all diese verschiedenartigsten Tiere tatsächlich so wenig Instinkt hatten, nacheinander in ein Loch zu fallen. Wurden sie gar dort hineingejagt? Gab es einen Waldbrand, einen Meteoriteneinschlag von dem die Tiere in panischer Angst flüchteten? Oder steckten doch menschliche Jäger der Steinzeit dahinter, die ihre Beute in die Fallgrube scheuchten? Vielleicht liegen in der Gruft aber auch nur die Essensreste des gewaltigen Höhlenlöwen. Die Raubkatze von der Größe eines Büffels war ein gefräßiger Einzeljäger.

Möglicherweise hat die Tierhöhle eine längere Querverbindung zum „Aufberger Loch“. Diese beeindruckende, über 40 Meter breite Doline ist 17 Meter tief. Vielleicht war es einmal eine große Höhlen-Grotte, ein Dom. Denn zwei 12 und 13 Meter lange Gänge zweigen von ihr ab und verlieren sich, immer enger werdend im Fels. Wer weiß, was unter den tonnenschweren Felsbrocken der dort eingestürzten Decke zum Vorschein kommen könnte.

Talheims Alt-Schultes Alfred Schumacher am merkwürdigen Grenzstein zu Salmendingen.

Der abgewinkelte Sandstein

Merkwürdiger Grenzstein am Albtrauf von Salmendingen

Er passt überhaupt nicht in die Reihe der paar Grenzsteine, die am steil abfallenden Nordhang des Salmendinger „Salmessen" die Markung nach Talheim markieren: Ein großer Sandstein in „r"-Form. Stand hier einst ein Kreuz?

Wenn es einmal ein Kreuz gewesen war, sind Kopf und linker Arm nahezu völlig abgebrochen. Der rechte Ausläufer ist teilweise beschädigt, aber noch erhalten. 65 Zentimeter hoch ist der Sandstein, die „Vorderseite" misst 60 Zentimeter Breite, die Tiefe des Gebildes beträgt rund 21 Zentimeter. Etwas länger ist der Armstumpf. Deutlich sichtbar ist von oben die eingeritzte Grenzkrinne, jedoch grob und gebogen gearbeitet und dem geraden Grenzverlauf nicht folgend. Das lässt darauf schließen, dass man diese Linie nachträglich eingezogen hat. Allerdings trägt der Stein auf dem rechten, erhaltenen Teil der Armaußenseite die laufende und korrekte Steinzahl „128". Sie fällt auf, weil deren Einmeißelung kleiner als bei den vorhergehenden Steinen ist. Eindeutig jedoch im Schaft die Bezeichnung „P" für Preußen auf der Albseite gen Salmendingen und „W" für Württemberg am abfallenden Talheimer Hang. Der Stein dürfte rund 450 Jahre alt sein.

Altertumsforscher Dr. Bernhard Losch zieht die Funktion des breiten Steines als Grenzmarkierung in Zweifel: „Der Standort und die Einbeziehung in die Versteinerung könnten den Eindruck entstehen lassen, dass es sich um ein Grenzkreuz handeln könnte. Jedoch könnte das Kreuz auch nachträglich in die Versteinerung einbezogen worden sein."

Umstritten ist die Frage, ob steinerne Kreuze in größerer Zahl als Grenzsteine errichtet wurden. Denn die wenigen bekannten Grenzkreuze in Südwestdeutschland fielen bislang als Sonderformen auf.

Drei Möglichkeiten sind denkbar: Erstens, das Kreuz stand ursprünglich nicht am jetzigen Standpunkt und wurde nachträglich dort eingegraben und als Grenzstein verwendet. Dagegen spricht das enorme Gewicht des Sandsteins. Hätte man sich früher die Mühe gemacht, diese schwere Ladung als „Ersatz" an diese unzugängliche Stelle zu transportieren?

Zweitens, das Kreuz markiert eine Stelle, an der ein Unglück geschah, ein tödlicher Unfall passierte oder jemand umgebracht wurde. Dann wäre die Lage genau an der Markungsgrenze zu unwahrscheinlich.

Drittens, das Kreuz zeigte nicht nur die Ländergrenze zwischen Württemberg und Preußen an – die nächste Zollstation stand an der Stelle, wo die Talheimer Steige auf die Albhochfläche trifft –, sondern auch die Konfessionsgrenze. Die Reformation wurde im Herzogtum Württemberg 1534 eingeführt. Am 28. September waren alle Geistlichen des südlichen Landesteiles im Tübinger Rathaus zusammengekommen, wo sie vom herzoglich eingesetzten Reformator die neuen Glaubensgrundsätze übermittelt bekamen. Trotz Zauderns des Talheimer Pastors wurde der Ort protestantisch, Salmendingen blieb katholisch.

„W" für Württemberg – rätselhafte Form für einen Grenzstein.

Das keltische Hügelgrab

Erstaunliche Entdeckung an Reutlingens Kreuzeiche

Spätestens seitdem die Fußballer des SSV Reutlingen in den Schlagzeilen standen, ist deren angestammte Heimat – die „Kreuzeiche" – in aller Munde. Wie sich erst jetzt herausstellte, birgt der namengebende markante Platz an der Ecke Alteburgstraße/Freibad-Parkplatz ein frühgeschichtliches Geheimnis: ein rätselhaftes Hügelgrab.

Offensichtlich liegt unter dem namengebenden Baum, der Eiche, an der jahrhundertealten Wegekreuzung ein unberührtes Hügelgrab verborgen. Und das wohl unbemerkt seit schätzungsweise 2.700 Jahren. Nach Vermutung des Landesdenkmalamtes in Tübingen weist die künstliche, runde Erhöhung auf dem Grünstreifen auf eine Ruhestätte eines Kelten hin. Die Größe der Anlage spräche für die Hallstattzeit, also 600 bis 800 Jahre vor Christus.

Steht auf einem vermutlich über 2700 Jahre alten Grabhügel – die Reutlinger „Kreuzeiche". Entdeckt wurde die Begräbnisstätte erst jetzt.

Dies wäre das bislang einzige Grab im Reutlinger Stadtbereich aus dieser Epoche. Von einem ähnlichen Hügelgrab auf dem Scheibengipfel einmal abgesehen. Eine vergleichbar große Grabstätte gibt es beispielsweise in Tübingen-Kilchberg. Dort wurden die Grabkammer und die Funde aufgrund ihrer Besonderheit sogar restauriert. Auch in Dußlingen fanden sich unter dem „Eichenbuckel" neben einer kostbaren Haupt- fünf Nebenbestattungen.

Allerdings ist der Reutlinger Hügel auf seiner südlichen Seite beim Bau der Schlattwiesenstraße stark beschädigt worden. Dennoch könnten sich die Experten gut vorstellen, im und unter der Aufschüttung neben einer zentralen Bestattung noch weitere eingeschachtete Gräber zu finden. Falls nicht doch schon im Mittelalter geplündert, sogar mit interessanten, wenn nicht gar wertvollen Beigaben. An eine Grabung ist freilich aus Geld- und Personalmangel auf absehbare Zeit nicht gedacht.

Da die Grünanlage an der stark frequentierten Hauptstraße liegt, könne man zudem ausschließen, dass moderne Grabräuber der Eiche mit Schaufel und Spaten zu nahe kommen.

Das Erstaunliche ist, dass die markante hügelige Stelle erst im Mai 2001 von Fritz Krauß als Grabstätte erkannt wurde. Und dies, obwohl er und zahllose Fachleute sicher auch bereits schon tausende Male an der Stelle vorbeigefahren waren. Es muß noch hunderte von unentdeckten Hügeln in unserer Region geben. Die meisten sind im Laufe der Zeit jedoch so verflacht oder landwirtschaftlich abgetragen worden, dass man sie nicht mehr eindeutig erkennen kann.

2700 Jahre liegen zwischen der Errichtung der Grabstätte (vorne) und den Hochhaus-Bauten dahinter.

Wo stand die verschwundene Kirche?

Hatten die Gomaringer und Gönninger eine gemeinsame urchristliche Kultstätte?

Eine geheimnisvolle Mauer und der vielsagende Flurname „Eschkirch“: Puzzlestücke in einem ungelösten Abschnitt der Geschichte von Gomaringen und Gönningen. Gab es an der Markungsgrenze eine urchristliche Kultstätte oder gar eine Siedlung?

Nach 70 Metern Höhenunterschied grenzen südöstlich von Gomaringen „Buchbach“ und „Herdwald“ an die Wiesen und Äcker der Gönninger „Plattach“-Hochfläche. Die Natur hat von einer in der Böschung versteckten, rund dreihundert Meter langen Steinmauer Besitz ergriffen. Ein Teil der dort angrenzenden Flur wird „Eschkirch“ – früher „Oeschkirch“ – genannt und scheint mit der schon 1522 in Urkunden erwähnten „Westerkirch“ und „auf Westerkirch“ identisch zu sein. Damit erschöpfen sich die schriftlichen Quellen.

Verfällt immer mehr und verschwindet bald ganz – die rätselhafte „Saumauer“ (links und oben).

Jedoch ist an besagter Stelle nicht nur der exakte Mittelpunkt einer gedachten Luftlinie zwischen den Ortskernen von Gomaringen und Gönningen. Die Flur liegt auch auf halber Strecke der alten Wegverbindung zwischen beiden Siedlungen. Denkt man sich den noch jungen Wald weg, ließe sich von der erhöhten und offenbar gezielt ausgesuchten Stelle aus das ganze Wiesaztal einsehen.

Da der Flurname eindeutig auf eine Kirche hindeutet, muss man davon ausgehen, das dort auch eine solche stand. Auf der landwirtschaftlich genutzten Fläche finden sich oberflächlich betrachtet keine baulichen Überreste mehr. Archäologische Grabungen wurden allerdings nie durchgeführt.

Die Geobiologen Gerhard Salzer und Karl Benz entdeckten auf unkonventionelle Weise mit ihren Wünschelruten auf einer Ackerfläche

Eine rätselhafte mittelalterliche Mauer an der Markungsgrenze von Gomaringen nach Gönningen.

starke Energiefelder in Form eines zehn auf fünf Meter großen Rechtecks. Sie bedienten sich dabei einer schwer erklärbaren meditativen Methodik. Mit diesem Gespür für „gute" oder „schlechte" Standorte haben wohl auch die Erbauer der „Eschkirche" ihren Platz genau gewählt. Besser gesagt, diejenigen, die an dieser Stelle eine vorchristliche Kultstätte errichtet haben. Denn bei der Missionierung der hier lebenden Menschen ab dem sechsten Jahrhundert hat man in der Regel bestehende Kultstätten oder Haine mit Gotteshäusern überbaut und beide Glaubensformen miteinander verschmolzen.

Die Dorfkirchen von Gomaringen, Gönningen und Bronnweiler werden zwar erstmals 1275 erwähnt, aber einige hundert Jahre davor gab es wohl schon Vorgängerkirchen an derselben Stelle. Wobei die Bronnweiler Kirche wohl bis ins 7./8. Jahrhundert der Frankenherrschaft zurückreicht. Es ist also anzunehmen, dass vor dem Bau der steinernen Holzkirchen für die drei Orte eine gemeinsame, zentral gelegene christliche Stätte, die „Eschkirche", bestanden haben könnte.

Vielleicht hat ein arianischer Mönch hier ein erstes primitives Gotteshaus erstellt. Die Lehre des alexandrinischen Priesters Arius, wonach Christus mit nicht Gott wesensgleich sei, sondern ihm nur wesensähnlich ist, wurde von der katholischen Lehre verdrängt. Erst nachdem der Frankenkönig Chlodwig 496 Katholik wurde, wechselten nach und nach auch alle Germanenvölker den Glauben.

Äußerst rätselhaft ist die steinerne Mauer unweit der „Eschkirche", die in einem Winkel von 90° entlang der Gomaringer Markungsgrenze verläuft. Sie wird im Volksmund „Saumauer“ bezeichnet; man erklärt sich das Bauwerk als Schutzwall gegen Wildsauen. Doch dazu ist sie zu aufwändig gearbeitet. Die Mauerbreite entspricht genau einer mittelalterlichen Elle von heutigen rund 63 Zentimetern. Der mit den Braunjura-Steinplatten aufgeschichtete und auf noch rund 300 Metern erhaltene Wall war vermutlich die Begrenzung einer Siedlungsanlage oder eines Gutshofes. Nicht abwegig ist die Variante, dass die „Eschkirche“ eine Art „Hauskapelle“ des Anwesens war.

Möglicherweise könnte es sich bei dem Hof um das verschollene Gut „Gerungesholze“ handeln. In einer Kaufurkunde vom 26. Mai 1300 verspricht der Graf Eberhard von Württemberg der Gönninger Adel-Witwe Adelheid von Stöffeln und deren Sohn Albrecht „den lebenslänglichen Genuss ihrer Güter und der Kirche zu Gerungesholze zu achten“. – Dies ist der bislang einzig bekannte schriftliche Hinweis auf diesen vermeintlichen Gutshof.

Auf halber Strecke zu den Ortskernen von Gönningen (Foto) und Gomaringen soll die verschwundene „Eschkirche“ gestanden haben.

Die Totenstadt auf dem Höhnisch

Bei Nehren liegt das letzte große „Hünengräberfeld" der Region

Hügel und Erderhöhungen so weit das Auge reicht: Nur die Eisenbahn zerschneidet das Gräberfeld, in dem vor 3600 Jahren die verstorbenen Bewohner einer noch nicht wiedergefundenen Siedlung über mehrere Jahrhunderte ihre Reise ins Jenseits angetreten haben. Unaufhaltsam verflachen die Hügelgräber unter den Pflügen der Traktoren immer mehr. Über dreißig dieser Bestattungsplätze sind noch zu sehen.

„Auf der Rechten des Fußweges nach Gomaringen läuft eine Reihe von Hügeln in abnehmender Größe. Den größten derselben, der im Durchschnitt an seinem Fuße wohl 30 Schritte und 20 Fuß Höhe hatte, bestieg ich öfters, um diese Hünengräber zu betrachten. Bei der Anbau der Allmand fand man an ihrer Stelle tief aufgehäufte Erde, eine Menge Scherben von rother Erde und ganz alte Blechmünzen, allein keinem Kenner kamen sie in die Hände, und keiner dieser Hügel wurde untersucht", so schrieb noch 1838 der Nehrener Dorfpfarrer Köhler. Und er zeigte sich überzeugt, „hier also auf dieser 142 Morgen großen Ebene, scheint eine mörderische Schlacht vorgefallen und selbst einer der Anführer oder Feldherrn geblieben zu seyn, dessen Hülle da beerdigt wurde, wo man jenen größten Hügel als Monument aufhäufte."

In der Tat beeindrucken die großen Hügel auch heute noch. „Hünen" liegen aber nicht darunter, wohl aber höher gestellte Personen einer Sippe, wenn nicht gar ganze Familien. In den Jahren 1889 und 1895 wurden vierzehn Grabhügel geöffnet, leider aber nicht mit dem notwendigen wissenschaftlichen Verständnis: Der Landwirt Johannes Dorn machte sich daran, Schmuckgegenstände aus Gold, Bronze und Eisen zu bergen (liegen im Landesmuseum). Knochen und Keramik ließ er seinem Fundbericht zufolge liegen. Offenbar waren aber einige Gräber schon in der Vergangenheit ausgeraubt worden.

Das „Hünengräberfeld" zwischen Gomaringen (links) und Nehren (oben) wurde über tausend Jahre als Bestattungsplatz genutzt.

Da es seit dieser Zeit keine fachliche Untersuchung mehr gab, kann man aufgrund der wenigen Funde davon ausgehen, dass hier über einen sehr langen Zeitraum Verstorbene bestattet wurden. Die ältesten Funde lassen sich auf das Jahr 1600 vor Christus datieren, viele fallen in die Hallstattzeit (etwa 800 bis 5. Jahrhundert v. Chr.) und schließlich gab es in der Folgezeit keltische Begräbnisse, wo die Toten auch in die bereits bestehenden Hügel eingebettet wurden. Danach kamen die heute noch üblichen Flachgräber „in Mode".

Die Tatsache, dass schätzungsweise tausend Jahre lang an derselben Stelle ein Friedhof bestand, zeugt von der Sesshaftigkeit der Menschen, die ihn benutzen. Aber wo lebten sie? Waren es die ersten Nehrener oder Hauchlinger (das Dorf ist aus zwei Siedlungen zusammengewachsen)? Da die den Kelten folgenden Alamannen ihre Reihengräber höchstens 500 Meter von ihren Wohnstätten entfernt anlegten, wäre die Nekropole (Totenstadt) vom Höhnisch zu weit vom jetzigen Dorf entfernt. Also muss die Siedlung irgendwo in der Nähe gelegen haben. Vielleicht entdeckt man sie durch Zufall, wie in Entringen, wo die Fundamente eines zweiräumiges Wohnhauses (fünf auf acht Meter) aus lehmverstrichenen Pfosten entdeckt wurden. In Hailfingen stieß man gar auf einen Brunnen, kellerartige Räume, Vorratsgruben und einen Backofen. Alles aus der Hallstattzeit.

Der (Traktorpflug-)Zahn der Zeit nagt an dieser einzigartig erhaltenen Totenstadt, unter deren Hügeln über viele Generationen die unterschiedlichesten Jenseits-Vorstellungen gepflegt wurden. Die Dokumentation dieser Totenkulte und Rituale, auch mit den für die Keltenzeit verbürgten Menschenopfern, würde uns helfen, Licht ins Dunkel unser unmittelbaren Heimatgeschichte zu bekommen und vielleicht die rätselhafte Legende zu verstehen, von der Pfarrer Köhler 1838 noch zu berichten wusste: „Auf dieser Grabfläche sah man von jeher häufig zwei wie brennende Fackeln umherschwebende Flammen, die bald größer, bald kleiner wurden, bald auf, bald nieder, bald zusammenfuhren."

Nur noch Flurnamen erinnern an das verschwundene Dorf „Maisenhart“.

Verschollen im Rammert

Das Dorf Maisenhart verschwand vor 500 Jahren

Der Wald hat sich im Nordwesten Ofterdingens wieder dort ausgebreitet, wo er vor tausend Jahren Jahren für den Bau einer Siedlung gerodet wurde. Nur noch der Name „Maisenhart“ erinnert in dieser Flur an ein Dorf, das es hier bis zum 15. Jahrhundert gegeben hat.

Was man von Maisenhart heute noch weiß, ist im Festbuch der Erstnennung Ofterdingens zum 850. Jubiläum aufgeführt. Die war zwischen 1143 und 1152. Zu dieser Zeit hat auch vermutlich der drei Kilometer nordwestlich des Ortskerns gelegene Weiler Maisenhart schon bestanden. Erwähnt worden ist er allerdings erstmals 1346. Bereits 1514 wird er als „abgegangen“ bezeichnet.

Wie groß dieses Dorf war, wie es ausgesehen hat und wie viele Familien dort lebten, bleibt wohl für immer ein Rätsel. Es gab einen „Tuger Hof“ (1356), mit dessen Bezeichnung nicht viel anzufangen ist. Dass jedoch nach einem Lagerbuch „Dreiheinhalb Mannsmahd Wiesen zu Maisenhart auf dem Brügel“ abgeliefert wurden, deutet auf einen Herrenhof hin. Der Brühl (vom keltischen brogil) steht für ertragreiches Wiesenland, in der Regel von einem Zaun umgeben, und in Fronarbeit von den Bauern zu bewirtschaften. Es ist aber weder etwas von einem Adelssitz noch von einer Kapelle bekannt. Die noch gegen Ende des 19. Jahrhunderts sichtbaren Fundamenthügel, laut Oberamtsbeschreibung im Gebiet „Löchle“ gelegen, lassen sich mittlerweile schwer lokalisieren. Vereinzelte Ziegel- und Scherbenfunde, insbesondere in den Wurzelballen umgestürzter Bäume, zeugen aber heute noch von einem von Menschen bewohnten Anwesen. Die Bezeichnung „hart“, die im mittelhochdeutschen „Weidewald“ bedeutet, lässt auf eine einstige Rodung schließen, die aber nicht von Ofterdingen, sondern von Dettingen her betrieben wurde.

Nicht mehr feststellbar ist die Lage eines Brunnens („Pronnwiß zuo Maißenhard“, 1537) und die Ackerfläche des Weilers („auf dem Erlenwald, vorher die langen Ägger geheißen“, 1653). Noch lokalisiert werden kann über den „Stockbronnenweg“ der einstige hölzerne Röhrenbrunnen („bey dem Stockhbronnen“, 1751) im Ostteil des aufgeforsteten Maisenhart. Auch die Stelle, wo vermutlich die Maisenharter ihr verendetes Vieh vergruben („uff den Maysenhardter Waldt gen. Scharmenhaldt“ 1410/1567) ist noch eingrenzbar.

Zu Beginn des 13. Jahrhunderts hatte die Zahl der Siedlungen in der Region ihren Höchststand erreicht. Es ist nicht klar, warum danach immer mehr Orte von der Landkarte verschwanden. Waren es Pestepidemien, starben Familien aus oder wanderte man aus wirtschaftlichen Gründen in die Nachbardörfer ab?

Das Auftauchen der Familiennamen „Maisenhart" in Dettingen (1313) und Rottenburg (1450) wäre ein möglicher Beleg für eine Abwanderung. Das mag in der Qualität des nicht so besonders fruchtbaren Boden gelegen haben. Trotzdem hatte Maisenhart nicht nur eine eigene, fest abgesteckte Markung. Es wurde, wie 1424 belegt, auch eine Dreifelderwirtschaft betrieben. Zu diesen drei Zelgen gehörten gleichwohl Wald, Wiesen und die Allmende. Teilweise hatten Fremde Besitz in Maisenhart. Obwohl heute auf Ofterdinger Markung gelegen, gehörte der Ort politisch nach Dettingen und damit zur hohenbergischen Grafschaft Rottenburg (heute noch fast mit dem Stadtkreis identisch). Das führte dazu, dass zwischen Ofterdingen und Maisenhart ab 1389 die österreichische Staatsgrenze verlief. Kann man es den Maisenhartern verdenken, dass sie nach dem Zerfall der Siedlung ins Steinlachtal auswanderten? Vom Jahr 1514 ist bekannt, dass 32 Ofterdinger, die noch Güter in Maisenhart hatten, von der Regierung Hohenbergs zu Untertanen verpflichtet wurden, einen eigenen Schultes gestellt bekamen und wohl aufgefordert wurden, in die katholische Kirche nach Dettingen zu gehen. Als 1534, mit der Reformation, auch noch die Konfessionsgrenze dazu kam, blieb den Nachfahren des verfallenen Ortes Maisenhart nichts anderes übrig, als vollends ins „Ausland" umzuziehen. Ofterdingen erwarb dann in der Folgezeit stückweise das Grenzgebiet.

Jenseits des „maisenharter bachs" (1414) lag das gleichnamige Dorf.

Dem Verfall preisgegeben: eine römische Steinstraße im Schönbuch.

Der Weg führte durch die „Teufelsklinge"

Warum die legendäre Neckartal-Römerstraße anders verlief als bisher angenommen

Im Neckartal bei Altenburg gab es im Mittelalter einen völlig in Vergessenheit geratenen Verkehrsknotenpunkt. Die bisherige Vermutung, dass die alte Römerstraße von Rottenburg nach Köngen über Mittelstadt immer durch das Neckartal geführt habe, scheint nicht zu stimmen. Denn die bedeutende Trasse bog offenbar in den Schönbuch ab und lief über Rübgarten und Pliezhausen nach Neckartenzlingen. Der in Süddeutschland nahezu einmalige Restabschnitt einer solide gebauten römischen Steinstraße hat fast 2000 Jahre im Wald des Reichenbachtals unbemerkt überdauert.

Sogar an eine Regenablaufrinne dachten die Erbauer der Steinstraße.

Er scheint für die Ewigkeit gebaut. Der Weg durch die „Teufelsklinge" oberhalb des Reichenbachs ist rund tausend Meter lang, er führt auf zumeist verwittertem Stubensandstein vom Neckartal über zwei ehemalige alte Furten bis zum Rübgartener Sportplatz hinauf. Im oberen Teil des steilen Anstiegs ist er auf 150 Metern Länge mit zugerichtetem Sandstein gepflastert. Die breite Steinstraße überwindet auf diesem kurzen Stück einen Höhenunterschied von 60 Metern. Deutlich sind die Fahr- und Haltespuren der Gespanne zu sehen. Die Straßenbau-Ingenieure haben perfekte Arbeit geleistet.

Es ist ihnen gelungen, durch Quer-Traversen, die spitzwinklig und nicht rechtwinklig zur Kante verlaufen, ein Verrutschen oder Abrutschen der Hangstraße unmöglich zu machen. Zudem ist das Steinpflaster von Leuten angelegt worden, die sehr viel Erfahrung im Straßenbau hatten: Angenommen, ein Wagenrad wäre bei Eisglätte auf den breiten Steinen ins Rutschen gekommen. Dann hätten jeweils die drei anderen Räder ein Wegschlittern unmöglich gemacht, weil die auf den rauen Pflastersteinen genug Griff hatten.

Auch Querrinnen wurden in die Steige eingebaut, um das Wasser den Hang hinunterzuleiten. Wie lange die gepflasterte Strecke dieses Weges wirklich war, ist nicht mehr feststellbar, da in seinem unteren und oberen Teil Steine herausgerissen und zu anderen Bauten verwendet wurden. Hingegen sind die Steine, die noch erhalten sind, so fest im Boden verankert, dass man ob dieser Befestigungs-Technik nur staunen kann. Selbst Ausweichstellen, wie man sie von (italienischen) Pass-Straßen kennt, wurden in die kurze Hangstrecke eingebaut.

Quertrassen verhinderten ein Verrutschen der Straße und ein Abrutschen der Wagenräder. Unter einer Erdschicht lag diese Spezialkonstruktion verborgen. Walter Brants legte sie wieder frei.

Der Pliezhäuser Walter Brants war beim Spazierengehen auf die Straße aufmerksam geworden. Er machte sich die Mühe, die mit Zentimeter dickem Laub und Waldboden bedeckte Fahrbahn freizukehren, um sich ein Bild von der Länge dieser Strecke zu machen. Als er das Tübinger Landesdenkmalamt auf die im Südwesten einmalige Sandstein-Hangstraße aufmerksam machte, wurde er abgewiesen. „Mit 99,9%iger

Sicherheit“ bescheinigte man ihm, keine römische Straße vorgefunden zu haben, sondern einen vermutlich nur ein paar hundert Jahre alten Weg. „Römerstraßen sehen anders aus“, winkte man desinteressiert das Ansinnen Brants nach Denkmalschutz-Überlegungen ab.

Damit wäre die Angelegenheit in der Versenkung verschwunden, hätte Brants nicht den mithin bedeutendsten Römer-Experten Professor Philipp Filtzinger nach Rübgarten bemüht. Der Autor des Standardwerks „Die Römer in Baden-Württemberg“ zeigte sich völlig beeindruckt von der gepflasterten Steigung. Nach Überzeugung des ehemaligen Landeskonservators käme für solch eine durchdachte und

Jahrhundertelang wirkten schwere Gespanne auf den Steinboden ein. Die Holzräder hinterließen eindrucksvolle Spuren.

die Jahrhunderte überdauernde Meisterleistung am Hang nur ein Bauherr in Frage: eine Organisation, die über fachliche Spezialkräfte und eine weit greifende Logistik verfügte – nämlich die Römer. Auch wenn bislang zeitlich zu datierende (Münz-)Funde an der „Teufelsklinge“, nicht entdeckt wurden, lassen die geschichtlichen Gegebenheiten eigentlich keinen anderen Schluss zu: Die Neckartal-Straße der Römer ging nicht an Mittelstadt vorbei, sondern bog vor Altenburg auf die Anhöhe nach Rübgarten, querte Pliezhausen und führte dann erst nach Neckartenzlingen hinab. Um diese Entdeckung zu untermauern, muss man die geschichtlichen Begebenheiten und Orte der Umgebung, die bisher in der Literatur zusammenhanglos nebeneinander stehen, als Mosaiksteine gleich einem Puzzle zusammenfügen.

Die Zeugen

1. Auf alten Karten, zuletzt in der Urkarte von 1823, ist bei Altenburg eine durch den Neckar führende Furt eingezeichnet.

2. Ein im Spätmittelalter erwähnter „Heerweg“ führte von Rübgarten aus durch die „Teufelsklinge“ ins Neckartal und erreichte hier die oben erwähnte Furt. Tiefe Fahrspuren im Stubensandsteinpflaster lassen auf eine starke Benutzung schließen, die nicht aus den vergangenen 140 Jahren stammt, denn da gab es schon die von 1859 bis 1861 erbaute „Nachbarschaftsstraße“ Kirchentellinsfurt–Walddorf, deren Abzweigung nach Rübgarten führt.

Die Burghügel der Wildenau.

3. In der Nähe der Einmündung dieser Straße ins Neckartal stand auf einem Hügel über dem Reichenbach die Burg Wildenau, 1232 zum ersten Mal erwähnt, 1406 endgültig zerstört. Darunter befand sich auf dem Platz der heutigen „Weiherwiese“ gegenüber dem „Lauftreff-Parkplatz“ der zur Burg gehörende Weiler Wildenau (1232 als Wildenowe genannt). Er ist vermutlich mit der Burg verlassen oder zerstört worden.

4. Beim Bau der Neckartalstraße in den Jahren 1859 bis 1861 wurde auf der Strecke zwischen dem „Poppelesloch“ und der alten Reichenbachmündung (heute steht hier die Halle einer Autokran-Firma) an mehreren Stellen Reste einer römischen Straße aufgedeckt.

5. Am gegenüberliegenden Neckarufer liegt Altenburg. Der Ortsname bezieht sich auf eine fränkische Burganlage. Dies berichtet der Chronist Ortlieb im Jahre 1089. Damals suchten nämlich der Abt Wilhelm und die Grafen von Achalm nach einem geeigneten Ort für eine Klostergründung. Statt Altenburg bekam dann Zwiefalten den Zuschlag.

Hätte Sitz eines großen Klosters werden können – Altenburg am Neckar.

6. Im Gewann „Burg", ungefähr einen Kilometer südwestlich Altenburgs, wurden 1867 im Boden Hinweise auf ein römisches Bauwerk entdeckt. Bei einer groß angelegten Grabung 1988/89 wurde tatsächlich eine umfangreiche römische Einzelsiedlung gefunden.

Diese sechs Tatsachen und Begebenheiten aus dem Mittelalter und der provinzialrömischen Geschichte spielten sich in einem Umkreis von rund sechshundert Metern ab. Niemand hat sich bislang die Mühe gemacht, sie in einen historischen Zusammenhang zu bringen.

Die Furt

Der Neckarübergang bei Altenburg ist auf allen alten Karten als Furt eingezeichnet. Die Furt ergab sich aus einem früheren, steinanschwemmenden Verlauf des Reichenbachs in den Neckar. Sie ergibt nur einen Sinn zusammen mit dem durch das Wieslenbachtal von Süden

Wo der alte Reichenbach in den Neckar mündete, gab es wegen der Steinaufschwemmung eine bedeutende Furt.

kommenden Weg und seiner Fortsetzung am linken Neckarufer in nördlicher Richtung durch die „Teufelsklinge“. Diese Furt war somit das Bindeglied zwischen diesem von der Alb und dem Albvorland her durch den Schönbuch in die Gäulandschaften führenden Weg, der auf dem Eckberg den Anschluss an die „via Rheni“ fand.

Die Anbindung der römischen Siedlung „Auf Burg“ an diesen Weg ist wahrscheinlich. Ihre Bewohner oder Besucher konnten nur über ihn und die Furt die am linken Straßenufer aus Rottenburg kommende römische Straße erreichen. Wichtig war dieser Weg bereits in noch früheren Zeiten: Die am Neckar und im Albvorland lebenden Kelten konnten ausschließlich über diese Straße die keltische Viereckschanze „Süßen Wasen“ besuchen, die zwischen Einsiedel und Rübgarten liegt. Es gab keinen anderen Zugang.

Die Altenburger Furt hatte aber auch nach dem Abzug der Römer nichts an ihrer Bedeutung verloren. Nur so wird die Errichtung einer großen fränkischen Burganlage oberhalb des Neckarübergangs verständlich. Burgen baute man nicht wegen der schönen Aussicht, sondern aus strategischen Gründen.

Nach der von 1867 stammenden Beschreibung des Oberamts Tübingen war bei Altenburg noch eine Fähre in Betrieb, die entweder die Furt überflüssig gemacht hatte oder sie ergänzte, wenn die Wasserführung des Flusses ihre Durchquerung zu Fuß oder Pferd unmöglich machte.

Die steinerne Straße

Eine „Gniebleringsteige“ (silva dicta gniebelerinunstige) war schon 1284 bekannt. Nach der Topografie kann damit nur die steinerne Straße in der „Teufelsklinge“ gemeint sein. Rübgarten gab es damals noch nicht, Gniebel war der nächstgelegene Ort. Und die heute ins Neckartal führende Straße nach Walddorf wurde erst 1859 erbaut. Um 1559 taucht der Weg durch die „Teufelsklinge“ als „Heerweg“ oder „gemein Straß“ wieder auf. Der Verlauf der römischen Consularstraße zwischen Summelocenna (Rottenburg) und Grinario (Köngen) konnte in dem Teilstück zwischen der Burg Wildenau und Neckartenzlingen bislang nicht nachgewiesen werden. Ein Fußweg mag natürlich existiert haben. Warum auch hätten die erfahrensten Wegebauer ausgerechnet eine besonders ausgeprägte Hochwasserstelle trassieren sollen, wenn sie trockenen Fusses und schneller, weil kürzer, an ihr Ziel kommen konnten. Zudem wären zwischen Altenburg und Pliezhausen drei tief eingeschnittene Klingen zu überbrücken gewesen. Auch erschwerte der

Auch die steinerne Römerstraße durch das Reichenbachtal hatte zwei Furten, von denen noch eine mitten im Wald existiert.

Prallhang des Neckars eine Straßenführung. Die alten Flurnamen „Sulz“ und „Grien“ weisen auf Sumpf und Geschiebe hin. Ein denkbar ungünstiger Baugrund für eine so wichtige (militärische) Verbindung, die ständig von berittenen Soldaten kontrolliert worden war.

Nach den geologischen Karten führen fast alle Wege vom Neckartal in den Schönbuch über Knollenmergel. Allein die Straße durch die „Teufelsklinge" bildet mit ihrem Untergrund aus Stubensandstein eine Ausnahme. Sie war also bei nassem Boden begeh- und befahrbar, obwohl man zwei kleinere Fuhrten überqueren mussten. In der Oberamtsbeschreibung von 1867 ist eine Fortführung der „Teufelsklingen-Steige" zu einer nördlich von Walddorf über den „Fuchswasen" ziehenden weiteren römischen Straße beschrieben. Eine der Furten ist noch im wohl ursprünglichen Zustand zu sehen, sie quert den Reichenbach mitten im Wald. Ab dieser Stelle, dem Beginn der Steige nach Rübgarten hoch, scheint, vom umliegenden Verkehrslärm nahezu isoliert, die Zeit stehen geblieben zu sein. Man glaubt sich geradezu weit in die Zeit zurückversetzt, meint, jeden Augenblick müsste einem ein Trupp Legionäre entgegenkommen oder ein Wagenzug mit Rittern in Harnischen auftauchen.

Alte Straßendämme

Brants hat Reste von alten Straßendämmen entdeckt. Nach seiner Rekonstruktion unter Einbeziehung der berühmten Kieserschen Forstkarte von 1683 hatte die römische Straße das heutige Rübgarten durchquert. Sie gelangte im Gewann „Scherrenholz" über einen kurzen, steilen Anstieg auf das Pliezhäuser „Greut" und nördlich durch den heutigen Ort über das „Hammetweiler Feld" nach Neckartenzlingen ins Tal hinab.

Noch gut zu erkennen: der alte Straßendamm zwischen Rübgarten und Pliezhausen.

Liegt noch heute im Reichenbach: eine zentnerschwere Statue.

Selbst wenn man die Reste des alten, rund 50 Zentimeter erhöhten Straßendamms als nicht römisch abtun wollte, müsste man für die zahlreichen Funde entlang der Trasse eine plausible Erklärung finden. Brants selbst fand im Bett des Reichenbachs den Sockel einer Säule, die möglicherweise bei einem Radbruch den Hang hinabgerollt war. Im „Greuth“ unweit des Sportplatzes in einem Acker entdeckte er einen bearbeiteten Stubensandstein in Kopfform.Unweit von der von Brants dokumentierten Trasse fand man bereits 1970 im „Kohlholz“ eine römische Gefäßscherbe.

Besonders bemerkenswert erscheint der Hinweis, dass an der vermeintlichen Straße im Gewann „Sechs Morgen“ ein 1859 entdeckter, aber seitdem gänzlich unerforschter römischer Gutshof liegt (Paulus, „Alterthümer in Schwaben“).

Gutshöfe

Möglicherweise stand hier in bester Lage auf der Anhöhe eine Verpflegungsstation. Dr. Christoph Morrissey bemerkt in seinem neulich erschienenen Band „Besiedlung des Schönbuchs“, dass weitere Hinweise auf eine Ansiedlung aus römischer Zeit „aufgrund der günstigen Lage durchaus denkbar sind.“ Das Bruchstück eines Reliefs der Göttin Diana soll beim Bau der Straße nach Gniebel – ebenfalls unweit der Römerstraße – gefunden worden sein. Ein weiterer Gutshof soll oberhalb des Häringsbaches, 350 Meter südwestlich der Gniebeler Kirche liegen. Römische Mauern, Ziegel und Gefäßfragmente sowie Reste einer Wasserleitung wurden vor 150 Jahren an einer noch nicht näher lokalisierten westlich von Dörnach gelegenen Stelle entdeckt. Vermutlich im Gewann „Brunnengärten“.

Römische Spuren, eingemauert in der Pliezhäuser Kirche, an der die alte Römerstraße direkt vorbei lief.

Die Neckartal-Römerstraße

In den Jahren 1859–61 wurde die Straße von Kirchentellinsfurt nach Walddorf gebaut. Dabei kamen zwischen dem „Poppelesloch" und der alten Reichenbachmündung an mehreren Stellen Teile der römischen Militärstraße Rottenburg–Köngen zum Vorschein. Zahlreiche Funde, unter anderem ein ursprünglich etwa 15 Meter hohes Pfeilergrab, zeugen davon. Diese Straße führte von Tübingen aus zunächst am rechten Neckarufer über die Blaulachtrasse in Richtung Kirchentellinsfurt, überquerte dort den Neckar und zog dann weiter in Richtung Reichenbach. Hertlein („Die Römer in Baden-Württemberg") hat letzte Reste der Straße unweit des „Lauftreff-Parkplatzes" und auf Höhe der jetzigen Neckarbrücke bei Altenburg im Hang festgestellt. Der mehrere Meter lange Querschnitt ist noch heute gut zu erkennen, er verläuft parallel auf rund 1,5 Metern Höhe zur heutigen Fahrbahn. Als vor einigen Jahren rechts neben dem Wohnhaus gegenüber der Neckarbrücke tief in den Hang hinein der Platz für eine Garage ausgebaggert wurde, waren im Profil der gewachsenen Erde keine Spuren einer Römerstraße mehr zu sehen. Beim weiteren Ausbau der Neckarstraße über Pliezhausen nach Neckartenzlingen wurde auch nichts Römisches gefunden.

Meterlanger Querschnitt der Neckartal-Römerstraße, die parallel zur jetzigen Fahrbahn verlief, aber kurz vor Altenburg aufhört.

Herbert Glöckner („Völkerlandschaften“) äußert die Vermutung, „dass der Weg durch das Reichenbachtal eher der üblichen Trassierung einer Römerstraße entspricht“.

Wenn man nun annehmen würde, dass die Strecke zwar sehr alt, aber eine Pflasterung nicht von den Römern, sondern von anderen Bauherren in der jüngeren Zeit erfolgt worden wäre, bliebe die Frage nach den Auftraggebern.

Die Burg Wildenau

Die unmittelbaren Nachbarn, die Herren von Wildenau, scheiden aus. Urkundlich werden 1232 erstmals die „Ritter von Wildenau“ erwähnt. Sie nannten sich nach der auf einem Bergsporn zwischen Neckar und Reichenbach gelegenen Burg. Die trapezförmige Anlage ist noch gut zu erkennen. Übrig geblieben sind nur die Mauern eines klei-

Die Ruine Wildenau.

nen, kellerartigen Raumes. Die Burg wurde 1406 bei einem Streit zwischen dem Besitzer Conrad Vol und seinem Bruder Hans Vol angeblich mithilfe Reutlinger Geschütze zerstört.

Die Ritter standen überdies in Diensten der tief verschuldeten Pfalzgrafen von Tübingen. Diese hatten wohl Güter in Altenburg und kamen dadurch in den Besitz der Furt. Es lag daher nahe, hier eine Burg zu bauen, sie mit einem „Zöllner" zu besetzen, der sich „Vol von Wildenau" nannte. Der Dienstmann hatte jedoch sicherlich nicht nur die Aufgabe, den Neckarübergang zu kontrollieren. Er überwachte mit seinen Forstknechten wohl auch den „rechten Hau" der Reutlinger, die an die Pfalzgrafen Gebühren für die Waldnutzungsrechte (Schönbuchgerechtigkeiten) zahlen mussten. Der Einzug für Wald- und Wildfrevel gehörte naturgemäß sicher zu seinen Aufgaben. Die Burg hatte wohl auch einen Kerker für Wilderer. Vielleicht kassierten die Wildenauer auch „Maut" für die noble Steigstraße.

Der Weiler Wildenau

Zur Burg gehörte der Weiler Wildenau. Nach der Zerstörung der Anlage 1406 löste sich die Siedlung auf und wurde nach Rübgarten verlegt. Nicht zuletzt die sehr beengte Lage im Mündungsbereich des Reichenbachs könnte ein weiterer Grund dafür gewesen sein.

Wie andere Siedlungen dieses Ortsnamenstyps „-owe", die im Neckartal liegen (Sulzau, Obernau, Niedernau, Hirschau, Lustnau usw.), ist auch der Weiler Wildenau wahrscheinlich in der Merowingerzeit (5.–7. Jahrhundert) gegründet worden. Der Ort wäre somit älter als die Burg Wildenau. Dann wäre die Festung nach dem Ort und nicht umgekehrt benannt worden.Wenn die Merowinger zunächst zur Sicherung ihrer Herrschaft 496 oder 505 in Alamannien strategisch wichtige Positionen an Straßenkreuzungen und Flussübergängen besetzten, dann wird die Gründung der Siedlung als Stützpunkt „Wildenowe" sowie der Bau einer mit starken Mauern bewehrten Burg oberhalb der Altenburger Furt verständlich.

Bauherren der Neuzeit?

Undenkbar, dass die Wildenauer die Verbindung ihres Anwesens mit der unbedeutenden Siedlung Rübgarten (erstmals 1363 genannt) auf so komfortable Weise ausgebaut haben sollen. Für die Grafen von Württemberg, die den Schönbuch 1342 erwarben, gab es ebenfalls keinen Grund, eine für damalige Verhältnisse luxuriöse Straße durch den Forst zu bauen. Zumal sie ob ihres Lebensstils das Land in tiefe Schulden stürzten und beinahe an die österreichischen Habsburger ver-

Kiesersche Forstkarte von 1683: Links oben Altenburg, dann die Neckarfurt und die Straße durchs Reichenbachtal mit Rübgarten, unten rechts.

pfändeten. Schon damals wehrten sich die Dörfer, sofern sie nicht auf den Fernhandel angewiesen waren, gegen den Bau von befestigten Straßen. Nicht etwa wegen des Lärms, sondern um das Militär von ihren Siedlungen fern zu halten. Dank schlechter Infrastruktur wurde beispielsweise Glems von Truppeneinquartierungen im Dreißigjährigen Krieg völlig verschont. Rübgartens Bevölkerung wurde hingegen fast völlig dezimiert. Fünf Straßen kreuzten das Dorf; zunächst die Fortführung der Römerstraße nach Pliezhausen, der Weg nach Einsiedel, nach Tübingen und nach Gniebel/Walddorf.

Und nach dieser Zeit kann der Weg auch nicht gepflastert worden sein. Prof. Bernd Wunder begründet in „Chausseebau in Württemberg“, dass Straßen in der Qualität römischer Wege erst wieder seit etwa zweihundert Jahren unter Napoleons Einfluss möglich waren. Auch die Stadt Reutlingen scheidet als Erbauerin der Straße aus. Sie erwarb zwar 1310 Holznutzungsrechte im Schönbuch. Auch ist von der Errichtung einer Holzbrücke über den Oferdinger Neckar in den Archiven die Rede, nichts aber über eine kostspielige Steinstraße. Bleiben die Römer als Straßenbauer.

Dass die gar einen noch älteren Weg wählten und ausbauten, wird deutlich, wenn man sich die archäologische Karte westlich von „Teufelsklinge“ und Rübgarten ansieht. Dort liegen im „Süßen Wasen“ zwei keltische Viereckschanzen, die man als ehemals zentralen Sammelpunkt der weiteren Umgebung ansehen kann. Mindestens sieben, darunter einer der größten Grabhügel des Schönbuchs, liegen 500 Meter westlich der „Teufelsklinge“. Sie zeugen neben einem weiteren Gräberfeld südlich von einer verschwundenen Siedlung auf der Hochfläche. Im selben Gewann stieß man 1861 bei Forstarbeiten auf einen römischen Relief-Bildstein einer sitzenden Gestalt. Vier Jahre später fanden Waldarbeiter unter einem Wurzelstock mehrere Teile einer einst rund zwei Meter großen Jupitergigantensäule.

Die Römersiedlung Burg

Am Beginn des Neckartalviadukts der Bundesstraße fand man auf der Flur „Burg“ in Altenburg 1867 einen römischen Gutshof. 1988 wurden Teile der Umfassungsmauern mit Torbau, eine befestigte Zufahrt und zwei Nebengebäude entdeckt. Die geophysikalische Untersuchung ergab drei weitere Gebäude, darunter das mehrfach gegliederte Haupthaus, vermutlich eine Villa, ein Badegebäude. Dieses große Anwesen hatte zweifelsohne eine Wegverbindung zur Taltrasse. Römerexperten vermuten, dass dieses Anwesen auf halber Strecke zwischen den beiden Kasernen eine Art „Raststätte“ war, die unseren heutigen Autobahn-Rastätten ähnlich war: Bäder für die ermatteten Reisenden, eine Wirtschaft, Übernachtungsmöglichkeiten, Handwerker zum Ausbessern der Ausrüstungen und Gefährte, Schmiede zum Versorgen der Pferde usw. Der teilweise rekonstruierte Gutshof in Hechingen-Stein, ebenfalls an einer bedeutenden Römerstraße gelegen, war so konzipiert.

Hoch über Altenburg stand eine Art römische Raststätte.

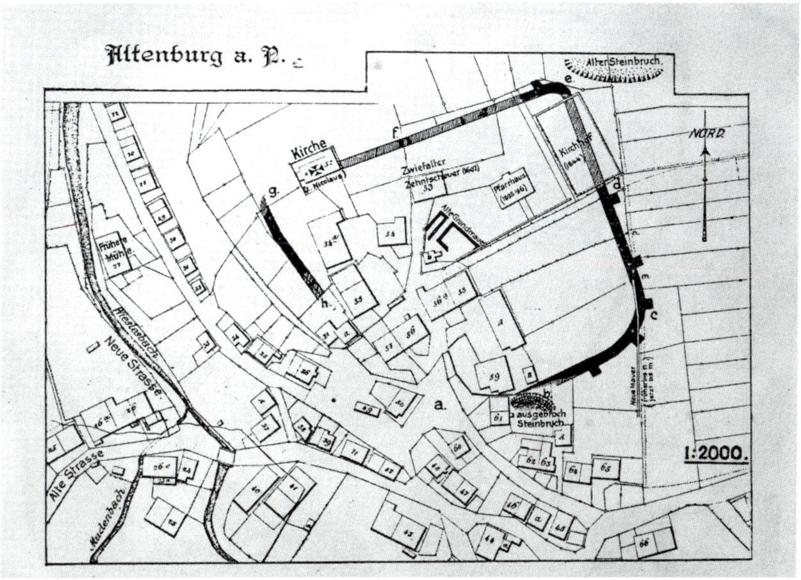

Eine Burganlage, die ihresgleichen sucht, stand in Altenburg. Ein weiteres Anzeichen für einen bedeutungsvollen mittelalterlichen Verkehrsknotenpunkt.

Die Altenburg

Ein weiteres Puzzle-Teil in der Deutung der „Teufelsklinge“-Straße ist die ehemals ungewöhnlich große Burg von Altenburg. Der Reichslimeskommissar Eugen Nägele stieß 1896 bei einer Grabung im Ort auf drei Meter starke Mauern, die einen Raum von 100 × 120 Metern umschlossen. Bis 1989 hatte man das urkundlich bekannte „castellum onfridinga“ fälschlicherweise in Oferdingen vermutete. Dabei hatte Ortlieb, der Chronist des Klosters Zwiefalten, schon um 1150 von der vergeblichen Suche nach einem Platz für die Gründung eines von den Achalmgrafen gestifteten Klosters im heutigen Altenburg (Altinburc) berichtet. Er beschreibt eine kleine Siedlung, die wegen einer dort vor langer Zeit errichteten Wehranlage Altenburg genannt werde. Da die Burg keinen Namen mehr hatte, darf man annehmen, dass sie damals schon zerstört war. Erhalten sind heute noch die Reste der Umfassungsmauer, innerhalb der auch eine Kirche stand, und die Grundmauern von Türmen und Gebäuden.

Es war ein solch gewaltiges Bauwerk, gegen die sich der Hohenzollern fast als eine Hüpfburg ausmacht. Stellten die Merowinger dieses Bollwerk auf die Fundamte eines römischen Kastells an dieser Stelle? Die beeindruckende Größe und die unmittelbare Lage an der Furt, an einer wichtigen Straßenkreuzung, kann einfach nur einen strategischen Hintergrund gehabt haben. Andernfalls müßte man sich fragen, warum die über sehr viel Geld verfügenden Bauherren sich ausgerechnet hier, in zwar idyllischer Lage hoch über dem Neckar, jedoch weitab von den damals bedeutsamen Orten, eingerichtet haben.

Logierte in Altenburg gar der große Kaiser Otto?

Die Furt muss einen mittelalterlichen Verkehrsknotenpunkt gebildet haben. Immerhin verschlug es den König Konrad 914 nach Altenburg, um dort („loco honfridinga“) Gericht zu halten. Es gilt als gesichert, dass Konrad I. hier den schwäbischen Herzog Erchangar, seinen Schwager, gefangen genommen und in dieser Burg zum Exil verurteilt hat.

Sönke Lorenz („Aus südwestdeutscher Geschichte“) vermutet gar, dass Kaiser Otto I. der Große nach seiner Krönung und dem Italienfeldzug im Jahre 965 über Rom den Heimweg via Schwäbische Alb angetreten hat. Ob er dabei auf dem Königsgut in Kirchentellinsfurt übernachtet hat, ist nicht verbürgt. Er könnte aber auch den benachbarten Altenburger Königshof (castellum onfridinga) aus Gründen der Sicherheit und des Komforts als angemesseneres Kaiserquartier gewählt haben. Gut vorstellbar, dass das Gefolge am anderen Morgen die Furt überquerte, um über die witterungsunabhängige Steige auf den Eckberg zur „Via Rheni" zu stoßen und Richtung Heimsheim zu reiten, wohin Ottos Söhne entgegengekommen waren.

Anders steht es um den urkundlich verbürgten Besuch Kaiser Maximilian I. am 29. Mai 1498 im Stift St. Peter zum Einsiedel. Im Anschluss an einen Aufenthalt in Reutlingen betete er damals, begleitet von 500 Reitern und einem dementsprechend langen Tross, dort am Grab Herzog Eberhards im Barte, der 1469 gestorben war. Da die Schlosssteige erst 1772 und der Weg von Kirchentellinsfurt zum Einsiedel im Jahre 1810 gebaut wurden, gab es nur eine Möglichkeit, auf kürzestem Weg von Reutlingen aus dorthin zu gelangen: Durch die Altenburger Furt und über die Teufelsklinge und Rübgarten auf dem uralten Weg durch das Reichenbachtal.

Aufschlussreich ist Sönke Lorenz' Bemerkung, wonach es sich bei dem Altenburger Königshof um ein Verwaltungs- und Aufsichtszentrum des fränkischen Reichsforstes Schönbuch gehandelt haben könnte. Das ergebe aber auch nur einen Sinn im Zusammenhang mit der Furt an der „Teufelsklinge".

Aufgrund eines alten Grundmauernplans muss die fränkische Burg in Altenburg ungefähr so ausgesehen haben.

„Reitlinger Stoig"

Nach dem Ende der Pfalzgrafenherrschaft und nach dem Oferdinger Brückenbau von 1310 geriet die Straße in der „Teufelsklinge" in den Verkehrsschatten. Sie wurde dann fast ausschließlich von den Rübgartenern benutzt, hieß fortan „Reitlinger Stoig" und geriet mit dem Bau der Verbindungsstraße Kirchentellinsfurt – Walddorf als künftiger Waldweg in Vergessenheit. Solange die gefällten Baumstämme mit Pferden links und rechts der Steinstraße gerückt wurden, bestand keine Gefahr für die Pflasterung. Durch den zunehmenden Verkehr der Holztransporter hat der Weg in den letzten Jahren jedoch arg gelitten. Er wird bei anhaltender Beanspruchung in den kommenden Jahren völlig zerstört sein und für spätere Generationen nur noch als unstrukturierte Steinansammlung erinnern.

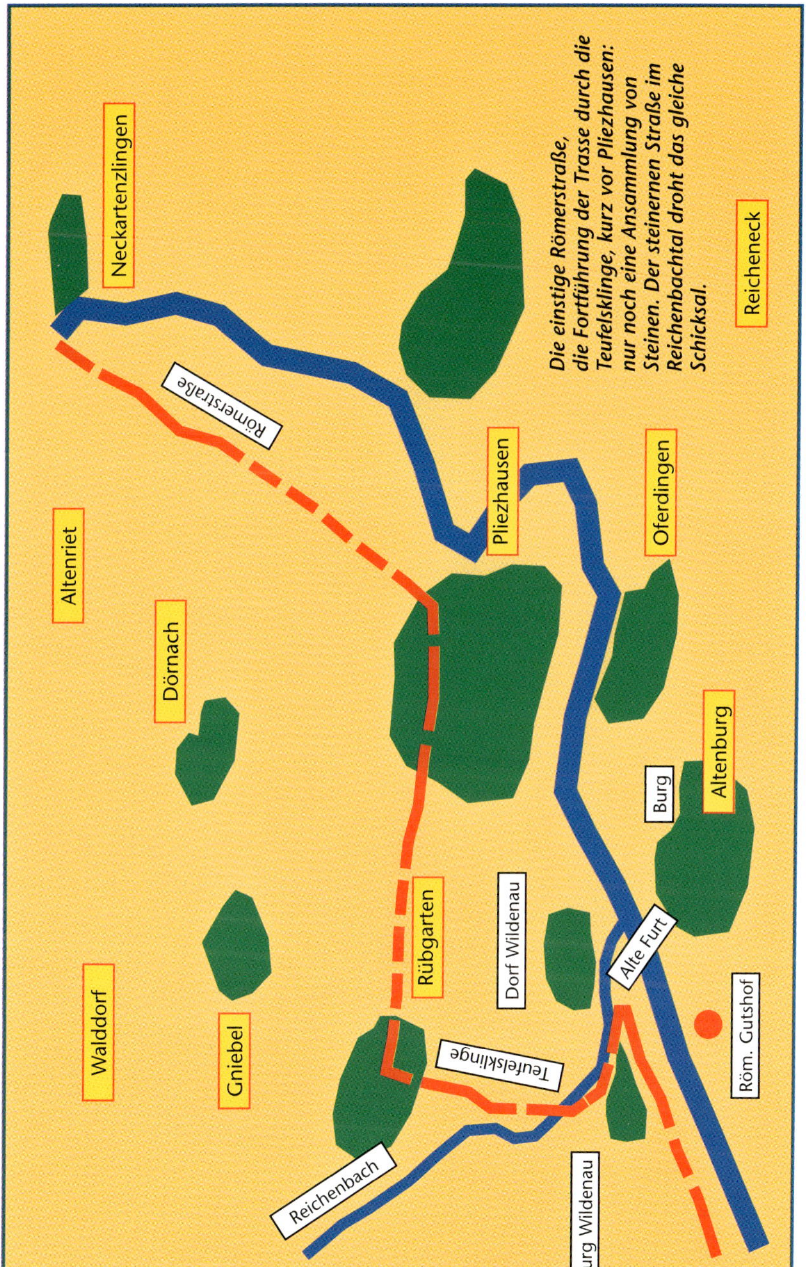

Die einstige Römerstraße, die Fortführung der Trasse durch die Teufelsklinge, kurz vor Pliezhausen: nur noch eine Ansammlung von Steinen. Der steinernen Straße im Reichenbachtal droht das gleiche Schicksal.

Die vielen Rätsel der Belsener Kapelle

Offenbart die Kirche zu bestimmten Zeiten das uralte kosmische Wissen der Baumeister?

Seit Jahrhunderten gibt die steinerne Kapelle auf dem Hügel bei Belsen Rätsel auf. Und auch der Name des Ortes umgibt die Aura des Geheimnisvollen. Vieles wurde in die sagenumwobenen Relief-Figuren am Giebel und die seltsamen Verzierungen und Öffnungen am Gebäude hineingedeutet. Dass das gesamte Bauwerk mit seinem Standort und seinen architektonischen Eigenheiten mit einem alten Sonnenkult zusammenhängt, galt bisher als abwegig. Wenn man das Kirchlein aber mit astrologischen und astronomischen Gesichtspunkten in Verbindung bringt, kommt im wahrsten Sinne des Wortes Licht in den geheimnisvollen Sandsteinbau und verblüffende Zusammenhänge werden aufgedeckt.

„Nur wer sich mit wachen Sinnen in den Geist des Bauwerks einfühlen kann, versteht die kosmische Verbundenheit der frühen Baumeister der Kirche", schrieb der Frühgeschichtsforscher Oswald Kubiena 1967, als er sich daran machte, die Rätsel der Kapelle zu lösen. Seine umfangreichen auf einen Sonnenkult hinführenden Deutungen schienen aber zu jener Zeit niemand groß zu interessieren. „Ich hatte den Herrn Pfarrer angeschrieben, aber er hat es nicht der Mühe Wert gefunden, mir zu antworten", beklagte sich der Waldkraiburger damals in einem Briefwechsel, der dann in Vergessenheit geriet.

Die unerklärliche Lichterscheinung

Dass Kubiena mit seiner Arbeit dem damaligen Zeitgeist weit voraus war, zeigt sich an zumindest einer mittlerweile wissenschaftlich bestätigten Erkenntnis. So ist der Zweck der trichterförmigen Öffnung in der Südostecke der Kirche (rechts oberhalb der Kanzel) als Sonnenloch noch bis vor kurzem von Fachleuten in Zweifel gezogen worden. Auch deshalb, weil die Öffnung an der Außenwand im Jahre 1824 durch den Anbau einer Sakristei verdeckt wurde und eine Nachprüfung damit unmöglich war.

Experten der Geodäsie bestätigten per Computermessung jedoch die Existenz einer alten Sonnenkalender-Anlage für die beiden Tage der Tag-und-Nacht-Gleiche! Und damit die alte Legende, dass am 21. März

Nur ein Teil des kosmischen Kalenders: das Sonnenloch (Mitte oben) in der Belsener Kapelle.

und 23. September eines jeden Jahres der morgendliche Sonnenstrahl in die Kirche hinein und direkt über das gegenüberliegende bogenförmige Eingangsportal fallen würde. Unerklärlich bleibt bis heute jedoch die durch den Lichteinfall verbundene Erscheinung eines Kreuzes im Tympanon, des Bogenfelds im Türsturz.

Offenbar hat 1832 der erste Pfarrverweser von Belsen diese ihm überlieferte Begebenheit erstmals wieder nachgeprüft. Er lies den Winkel des Daches der Sakristei vorübergehend flacher setzen, um die Funktion der Öffnung überprüfen zu können.

Am Morgen des 21. März 1836 assistierte dem Geistlichen ein Schulmeister bei der Beobachtung: „Nach einigem Warten wurde ich aufs höchste von einem durch das Loch einfallenden Sonnenstrahl überrascht und sah denselben gerade auf den halbkreisförmigen Stein über dem westlichen Eingang der Kapelle fallen. Eine am 22. März wiederholte Beobachtung desselben ward mit dem gleichen Befund belohnt, nur war der Strahl schon ziemlich von der Mitte des Steins abgewichen.“

1843 wurde dieses Phänomen erneut überprüft. Der Pfarrverweser Ferdinand Jakob Müller und der Belsener Jakob Steinhilber konnten die Lichtabbildung wegen der zwischenzeitlich eingebauten, nach hinten ansteigenden Empore jedoch nicht als Ganzes betrachten:

„Um der ursprünglichen Wirkung des Lichtstrahls gewiss zu werden, rüsteten wir uns am Abend des 20. März so, dass wir die Fenster des nicht zur Urform der Kirche gehörenden Chors (1515 erbaut) mit Tücher verhüllten. Morgens am 21. März, als wir vor Sonnenaufgang eintraten, war es düsteres Dunkel, draußen aber war ganz heiterer Himmel und wir zweifelten nicht an dem vollen Gelingen. Allein es zeigte sich, wir waren nicht genug gerüstet. Zuerst erschien nun, je voller die Morgenröte desto heller, eine runde, rötliche, nicht scharf begrenzte Scheibe. Mit dem ersten Sonnenstrahl fiel die Sonne auf (die Innenwand) und stieg mit jeder Sekunde weiter aufwärts, zur Hälfte auf (die Sitzempore), zur Hälfte auf das Bogenportal, nachdem nämlich eine im Wege stehende Lehne weggeschlagen wurde. Allein es war zunächst keine Kugel was erschien und was durch das Loch zu erwarten war, sondern ein senkrechter Balken, der sich verlängerte. Dann folgte ein diesen ersten Balken schneidender horizontaler Balken. Und als die Sonne ganz über dem Horizont stand, trat eine runde, helle Scheibe da ein, wo die beiden Balken sich schneiden. Eine hellere Scheibe als die Balken, die nur der Widerschein der Scheibe waren. Dieses Lichtbild dauerte nur ganz kurz, die ganze Erscheinung etwa zehn Minuten. Wir mussten die Erscheinung aus den drei Abbildungen auf dem

Die eingebaute Empore macht ein praktisches Experiment zur Funktionsüberprüfung des Sonnenlochs nicht möglich.

Brustholz, den Lehnen und der Wandung zusammensetzen."

Müller war sich nicht sicher, ob er nun wirklich ein Lichtkreuz mit der Sonne in der Mitte gesehen hatte oder einem raffinierten Trugbild aufgesessen war: „Ob bei diesen widerwärtigen Hindernissen nicht Täuschungen mit unterlaufen sind, wage ich nicht zu behaupten."

Von späteren Versuchen, zu Beginn des 20. Jahrhunderts vermerkt der Pfarrer Max Duncker: „Die Erscheinung ist nur an ganz klaren, wolkenfreien Frühlings- und Herbsttagen zu beobachten. Manchmal genügt eine kleine Wolkenwand im Osten, um die Beobachtung zu vereiteln." Doch am 20. März im Jahre 1911 macht er „nach 13 Jahren meines hierseins eine Entdeckung:

Wenn etwa gegen 6 Uhr 40 Minuten mit einem Male die Sonne hinter dem östlichen Abhang des Farrenbergs heraufkommt, fällt durch die Öffnung ein runder Strahl auf die Brüstung der Sitzempore, drei Meter nördlich von der Südwand der Kirche. Wir sehen hier zunächst eine runde Scheibe, die unscharf umrissen 20 Zentimeter Durchmesser hat. Dann steigt der Strahl aufwärts, legt sich als ein Lichtstreifen von derselben Breite über die Lehnen der Bänke und steigt an der Westwand etwa 90 Zentimeter empor. Den zum Kreuz nötigen Querstreifen habe ich trotz sorgfältigen Suchens lange nicht finden können und war schon der Meinung gewesen, eine etwas hellere getünchte Stelle der Westwand könnte zu dieser Annahme geführt haben. Bis ich zum ersten Mal unter dem Sitzbrett der hintersten Bank der Empore einen viel intensiver gefärbten, etwa dreißig Zentimeter breiten und vier Zentimeter hohen Streifen entdeckte. Der zeigte sich nahe des Scheitelpunkts des Tympenons etwas südlich von der Mitte des Steins, allerdings ziemlich tiefer als der Längsstreifen. Ob derselbe auch durch die Lichtöffnung gekommen, ob er nicht durch eines der Fenster eingefallen war, konnte ich nicht ganz sicher ausmachen. Am ersten Tage glaubte ich sicher den Einfall von einem südlichen Fenster her feststellen zu können, während ich am zweiten Tag doch wieder zweifelhaft wurde. Nach wenigen Minuten wird der Streifen wieder etwas blässer. Die Scheibe erscheint wieder auf dem Kapitell, um dann ganz zu verblassen. Ob nun wirklich vor Erstellung der Empore ein Kreuz mit einer Scheibe im Schnittpunkt zu sehen war, ist mir nicht ganz gewiß."

Die Berechnung des Sonnenlochs

Während also bis zum heutigen Tag die Erscheinung ein Rätsel blieb, ließ sich der Lichteinfall zwischenzeitlich mathematisch annähernd nachweisen.

Der Mössinger Pfarrer Ulrich Gohl und der Physiker Armin Eibofner rekonstruierten den durch den Sakristei-Verbau nicht mehr nachvollziehbaren Effekt. Dazu mussten sie mithilfe eines Computer-Programms die Stelle berechnen, an der die Sonne zur Tag-und-Nacht-Gleiche aufgeht, nämlich an der linken ansteigenden Flanke des Farrenbergs. Die galt es mit dem Aufstiegswinkel der Sonne in Beziehung zu bringen.

Den Lauf der Sonne errechnete man in Abhängigkeit von Tages- und Jahreszeit sowie geographischer Breite. Dabei wurde angenommen, dass sich die Erde auf einer Kreisbahn, statt einer Elipse bewegt.

Der dadurch entstandene Fehler war aber gegenüber der Unsicherheit, wie hoch die Baumgipfel zur Zeit des Sonnenloch-Baus waren, zu vernachlässigen. Mithilfe eines Computerprogramms wurde dann berechnet, auf welcher Bahn sich die durch das Sonnenloch fallenden Strahlen auf der Rückwand im Innern der Kapelle bewegen. Und tatsächlich:

„Die Sonnenstrahlen treffen den Stein zum ersten Mal zwei Tage vor der Tag-und-Nacht-Gleiche und zum letzten Mal drei Tage danach. Das ganze dauert acht Minuten."

Das Sonnenloch über der Sakristei.

Eine meisterliche Camera obscura

Rätselhaft kam es den beiden Mathematikern vor, dass die Beobachtungen der Pfarrer jeweils von „aufsteigendem" Licht sprachen. Da die Sonne ja aufgeht, müsste die Lichtabbildung auf der Innenwand der Kirche eigentlich fallen.

Die Untersuchung des Sonnenlochs brachte eine Meisterleistung der unbekannten Handwerker zutage: Die 35 Zentimeter große Öffnung besteht aus einem doppelkonischen Trichter, also zweier abgestumpfter Kegel etwa 90 Zentimeter lang, die mit der schmäleren Seite an einen Zylinder stoßen. Dieser Zylinder hat rund zehn Zentimeter Durchmesser. Physikalisch gesehen ist zu erwarten, dass das Loch als „Camera obscura" (Lochkamera) wirkt und ein umgekehrtes(!) Bild der Landschaft vor der Kirche durch die offene Mauer auf die Innen-

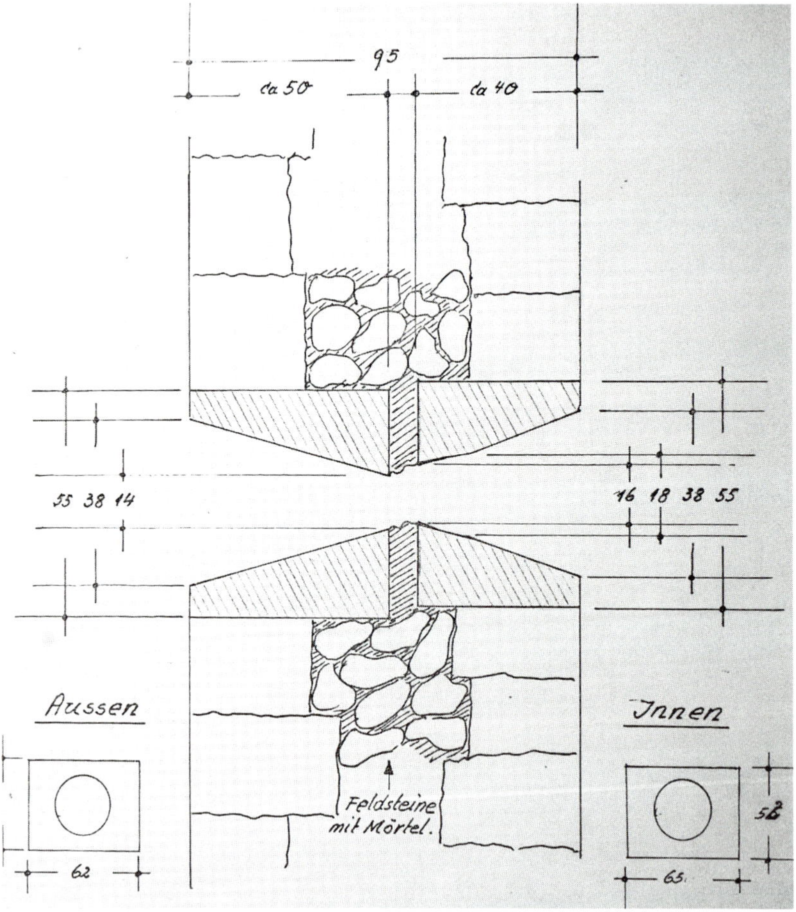

Die beiden Zylinderöffnungen in der Mauer des Sonnenlochs haben sich verschoben.

wand wirft. In einem weiteren Simulationsprogramm wurde Sonnenlicht auf die Öffnung geschickt. Ein Teil der Strahlen trifft auf die Rückwand der Kirche, ein anderer wird an den Wandungen des Lochs regelrecht aufgesaugt. Dabei nimmt die schraubenförmige Struktur im Innern des zylinderförmigen Stücks zwischen den beiden Kegeln keinen Einfluss.

Das Ergebnis der Simulation war: Je größer die Helligkeit, desto schärfer die Abbildung. Das Sonnenloch bildet jedoch Gegenstände gerade so scharf ab, dass man Hell-Dunkel-Strukturen (Streifen) sieht, aber keine Abbildungen erkennen kann, was an der Größe des zehn Zentimeter breiten Loches liegt. Die unterschiedlichen Beobachtungen der Belsener Pfarrer können, so schlussfolgern die Vermessungskundler, also darauf zurückzuführen sein, dass reflektierende Flächen, Äste oder Zweige genügen, um die Abbildung in der Kirche zu stören oder zu verändern.

Bei ihren Messungen ist den beiden jedoch ein schlichtes Detail entgangen: Die zwei Zylinder-Steine stecken jeweils in der Außen- und in der Innenmauer. Nun hat sich aber die äußere Mauer im Laufe der Jahrhunderte bei einem der vermutlich vielen nachgewiesenen Erdbeben verschoben! Der äußere Trichter hat sich um fünf Zentimeter gesenkt. Zwischen den beiden Trichtern hat man die Lücke bei früheren Restaurierungsarbeiten mit Mörtel verstrichen. Damit scheint selbst beim Abbau von Empore und Sakristei-Dach eine Nachprüfung nicht mehr möglich zu sein.

Zweihundert Tage Helligkeit

Steckt außer der Lichterscheinung anlässlich der Tag-und-Nacht-Gleiche noch etwas hinter dem Sonnenloch? Man muss sich zudem fragen, wie dieses meisterliche Gebilde zustande gekommen ist. In der heutigen Kapelle stecken eigentlich drei Bauten: Die erste, vermutlich hölzerne, von der man nichts konkretes weiß. Die zweite, bereits steinern, deren kleinere Grundmauern im Keller zu sehen sind, wohl um das Jahr 1000 erbaut und noch im selben Jahrhundert abgebrannt. Und schließlich die heutige – ohne den 1515 hinzugefügten Chor – die im April des Jahres 1098 fertiggestellt worden sein soll. Eine umstrittene Berechnung, die man aufgrund der Mond- und Sonnenzirkelzahlen angestellt hat.

Die genaue Jahreszahl ist sekundär, interessanter scheint die Frage zu sein, wie es den romanischen Steinmetzen möglich war, den doppelkonischen Zylinder zu fertigen. Wurden die Steine zuerst behauen und dann mit dieser Genauigkeit eingesetzt? Oder ist das Loch durch den Rohbau hindurch gearbeitet worden? Mit welchen Gerätschaften? Das Gebilde zeigt keinerlei Schleifspuren. Warum die aufwändige Form eines Doppeltrichters, hätte ein vergittertes Fenster nicht auch genügt? Wurde das Loch möglicherweise zudem als raffinierte Lichtquelle in einer Zeit gebaut, in der es kein Glas gab? Dann musste es klein sein, um den Wärmeverlust zu minimieren. Aber gleichzeitig groß genug, um Helligkeit abzugeben.

Unter dem Dach der angebauten Sakristei befindet sich das Sonnenloch.

Der Doppelkegel erfüllt in der Tat beide Anforderungen. Die Öffnung wird für den Lichteinfall besser ausgenutzt als bei einer zylindrischen Form. Gohl und Eibofner haben errechnet, dass direktes Sonnenlicht an etwa zweihundert Tagen im Jahr zumeist zur Messezeit ins Innere fiel.

Ein alter Sonnenkult

Was aber steckt hinter der „Spielerei" mit der Lichtabbildung über dem Eingangsportal? Die Eitelkeit eines Baumeisters? Ein priesterlich inszeniertes Wunder für die einfältigen Leute? Auf diese Fragen scheint

Oswald Kubiena, der anfangs erwähnte Forscher, eine einleuchtende Antwort gefunden zu haben.

Die Absicht, Lichtstrahlen über den Eingang zu lenken, so erkannte Kubiena, diente der Hervorhebung einer alten Weihestätte: „Die germanischen Gottheiten Thor und Thyr stehen nicht umsonst für Tor und Tür." In einem bekannten norwegischen Volkslied, dem „Draumkvädet", wird von Olaf dem Heiligen erzählt, der seinem Volk in einer Kirche von einem Traum erzählt, in dem er Himmel und Erde durchwanderte. Dabei wählte er nicht die Kanzel, sondern setzte sich unter die Eingangstüre.

Das Belsener Prinzip, die Morgenstrahlen der (Frühlings-)Tag-und-Nacht-Gleiche in ein Heiligtum einfallen zu lassen – der doppelkonische Trichter scheint nur noch in der Kapelle von Drüggelte bei Soest bekannt zu sein – hat berühmte Vorbilder. Wir finden sie im ägyptischen Felsentempel von Abu Simbel, wo beim Aufgang der Sonne die Strahlen 60 Meter tief auf ein sich im Felsen befindliches Standbild des Pharao und dreier Götter fallen. Oder bei den Inkas, wo im Sonnentempel von Cuzco an jener Stelle, wohin die Strahlen trafen, eine mit Edelsteinen verzierte goldene Scheibe angebracht war, welche dann beeindruckend glänzte. Ein weiteres europäisches Baudenkmal, das einst dem alten Lichtkult gedient hat, finden wir in der Tempelburg der Katharer auf dem Mont Ségur in den französischen Pyrenäen. Hier stand die letzte Zufluchtstätte der „Reinen", einer in Askese lebenden Bewegung, die von der katholischen Inquisition blutig verfolgt wurde. In dieser zur Ruine verkommenen Tempelburg waren die Mauern nach den Sonnenauf- und Untergängen der Tag-und-Nacht-Gleiche und der Sonnwenden ausgerichtet.

Die germanische „Tag"-Rune

Faszinierend wird es, wenn man sich mit den zwei Trichtern befasst. Eindimensional dargestellt sehen sie aus wie eine Art Sanduhr, ein überdachtes „X". Der Symbolhistoriker Prof. Dr. Hermann Wirth belegt diese Darstellung bis in die Jungsteinzeit als Sinnbild für die „göttliche (Erd)mutter". Sie galt als Geberin der Kraft und des Segens. Dieses dreißigtausend Jahre alte Symbol hat bis in die Germanenzeit als „Tag-Rune" überdauert. Die Schriftzeichen unserer Vorfahren standen beispielsweise für „Speer", „Hacke" usw. Ist es nun ein Zufall, dass das dreidimensionale „Sonnenloch" dem Runenzeichen „(Jahres)Tag" ähnelt? Wer erinnert sich noch an das alte Kinderspielzeug in der Form eines Doppeltrichters, den man mit zwei Stäbchen auf einer Schnur durch geschicktes ruckartiges Ziehen balancieren musste? „Diabolo" hieß es. Steckt in dem Namen „Teufel" eine mittelalterliche Verkehrung der „göttlichen Erd(mutter)" ins entgegengesetze Extrem? Wirth

Zeitgenössisches Gemälde der Belsener Kapelle, Datum unbekannt.

findet den Doppeltrichter in den alten tibetischen Höhenklöstern, als Piktogramm in der chinesischen Shang-Dynastie (1500 vor Christus) oder bei den Azteken. Die Bedeutungen dieser weit verbreiteten Darstellung ergeben nach einer kybernetischen Analyse folgende Aussagen, die für das Belsener Sonnenloch durchaus in Beziehung stehen:
- war von höchster Wichtigkeit
- spendet Kraft, Gesundheit
- strahlte Licht aus, gehörte ins Licht
- enthielt Stein, war aus Stein
- sorgte für Aufstieg
- rotierte.

Die Verschiebung der Kirchenachse

Um das Lichtbild über die Tür zu bekommen, musste die Belsener Kapelle von der genauen Ostorientierung abweichen – um genau acht Grad. Diese der Amtskirche spätestens im 13. Jahrhundert zuwiderlaufende Achsenausrichtung haben die Erbauer auch anderer ehemaliger „Heidenkirchen" von vorchristlichen Anlagen übernommen. Das bekannteste „Vorbild" dafür lieferten die Externsteine oder Stonehenge. An diesen weltberühmten mystischen Orten dienten die steinernen Fels-Anordnungen vor Jahrtausenden der Himmels- und damit der Planeten-Beobachtung, insbesondere die die Erde betreffenden Veränderungen im Bezug zur Sonne und zum Mond.

Gohl und Eibofner hatten 29 alte Kirchen deutscher Großstädte nach der Ostabweichung ihrer Längsrichtung untersucht. Bei 15 Bauwerken schwankten die Abweichungen zwischen drei und sechzehn Grad. Was sie nicht nachprüften, deckt aber ein Forschungsbericht über Archäoastronomie auf: Die Längsachse vieler alter Kirchen wurde von den Baumeistern offensichtlich nach dem Sonnenaufgang überlieferter alter germanischer Festtage oder den Festtagen bestimmter Gottheiten, später Kirchenpatronen festgelegt. Die Stiftskirche Sankt Georg in Tübingen beispielsweise weicht 24,5 Grad nach Norden ab. In dieser Kirchenachse haben die Bauherren des 11. Jahrhunderts den Sankt-Georgs-Tag ermittelt, er fiel auf den 23. April. Im niederbayrischen Schildthurn hat man sogar an zwei auf einer Achse liegenden Kirchen eine Art keltischen „Bauernkalender" entdeckt. Die Sonnenauf- und Untergänge kennzeichnen dabei die Festtage „Beltaine" (Beginn der Gartenarbeit), „Lugnasad" (Beginn der Ernte), „Samhain" (Erntedank, Dunkelzeit) und „Imbolk" (Lichtmess).

Das alamannische Kapf-System

Hans-Dieter Lehmann, Fachmann für Flur- und Bergnamen, die mit „kapf" in Verbindung stehen, hat den Standort der Belsener Kapelle und ihre Ausrichtung zudem mit einem alamannischen Kapf-System in Verbindung gebracht. „Kapf" bedeutet „Warte", und leitet sich von dem mittelhochdeutschen „kapfen" ab, was heute „gaffen" heißt. Somit sind die vornehmlich am Albrand zu findenden „Kapfe" als Ausschau-Plätze im kultischen Sinne zu deuten: „Der Flurname ist im südlichen Südwestdeutschland weit verbreitet und mit vorchristlichen Glaubensvorstellungen verbunden, die im frühen Mittelalter im Volk noch eine Rolle gespielt haben dürften."

Tübingens Sankt-Georgs-Kirche soll genauso wie die Belsener Kapelle in ein „Kapf"-Kalender-System eingebunden sein. Über den

Blick vom Kapellenhügel auf den die Schneefallgrenze markierenden Farrenberg: Auf seiner linken Flanke geht die Sonne am 21. März auf, um den Winter endgültig zu vertreiben.

Nordhang des Österbergs rollt am 1. Mai die Sonne in der Richtung der Stiftskirchen-Achse. Sie löst sich zu dem Zeitpunkt vom Gipfel des Kapfes, wenn man dies vom Platz des Bauwerks aus beobachten kann.

Für Belsen ist der Gönninger Stöffelberg der Kapf. Bei Sonnenaufgang an der Sonnwendfeier (Johannistag) steigt die Sonne über den Nordhang und löst sich von dessen Spitze. Am kürzesten Tag des Jahres geht die Sonne über dem Butzenkäpfle (bei Bodelshausen) unter.

Noch Christus sprach vom „Licht der Welt", ehe es dem finsteren Mittelalter Platz machen musste. In jener Zeit hatten all jene, die sich mit Naturkunde und Astronomie beschäftigten, keinen Platz. Die Kirche verfolgte die Katharer, Albigenser und Anhänger des Templer-Ordens, die noch einen Rest kosmischer Zugehörigkeit und antike Geheimwissen bewahrt hatten, mit einer unvorstellbaren Härte.

Papst Gregor (590 bis 604) hatte die Anordnung gegeben, dass man „die Götzenkirchen beim Volke ja nicht zerstören, sondern nur die Götzenbilder darinnen vernichten, die Gebäude mit Weihwasser besprengen, Altäre bauen und Reliquien hineinlegen soll ... damit das Volk vom Herzen seinen Irrtum ablege, den wahren Gott erkenne und um so lieber an den Stätten, wo es gewohnt war, sich versammle."

Der Gott Bel

Für eine Kultstätte war ein Hügel wie der in Belsen ja wie geschaffen. Schon der Ortsname deutet darauf hin. Die „-ingen"-Orte, die wohl auf Sippennamen hindeuten, sind neben „-heim", „-hausen" und „-dorf" in dem dieses Buch umfassenden Bereich weit verbreitet. Auch „-au", „-hofen" und „-weiler" und weitere von einem Namen abgeleitetete Orte sind zeitlich und von der Bedeutung her einzuordnen. Lediglich Belsen fällt völlig aus dem Rahmen.

Altertumsforscher Kubiena sieht den Wortstamm „bel" als abgeleiteten Götternamen indogermanischer Völker. Selbst bei den vorderasiatischen Stämmen wie den Phöniziern, Hetitern oder Sumerern tauche er auf, da die ihre religiösen Vorstellungen aus dem Norden mitgebracht hatten. Den Wortstamm „Bel" finden „Asterix"-Leser in den Gottheiten „Belenus" und „Belissena", Bibelkenner in „Baal" (galiläisch) oder „Baal Zebul" (kanaanitisch), übrigens verballhornt zu "Belzebub" wieder. "Belenus" war ein von den Kelten verehrter Sonnengott.

Der Ortsname Belsen indessen ist bislang erstmals 789 in der zollerischen Quellensammlung „Monumenta Zollera" vermerkt, dann taucht er 1342 auf und am 8. Februar 1362: Friedrich von Zollern, der „Straßburger", überließ Leibeigene, unter anderem „luckun Cuncz dez Höwels tochter von belsen" an die Schenken von Andeck. Da der Ort

So könnte die einstige Belsener Wallfahrtskapelle im 11. Jahrhundert ausgesehen haben.

später aber auch „belshain“ und „belszhain“ genannt wird, liegt es förmlich auf der Hand, den Namen als einen Hain (heilige Stätte), wo Bel (der Gott) verehrt wurde, zu deuten. Die weniger spektakuläre Vermutung ist die, dass Belsen von einem Personennamen abzuleiten sei, etwa vom Namen „Belto“. Ein solcher taucht 773 in einer Urkunde über die Schenkung an die Kirche zu Willmandingen auf. Aber eben nur dort.

Doch die Belsener pflegen ein höchst kostbares Erbe: In der lokal isolierten Mundart, die leider immer seltener zu hören ist, schwingt noch über zweitausend Jahre altes keltisches Sprachgut mit. Wegen dieses seltsamen Dialekts sind die Belsener bis zur heutigen Zeit von ihren Nachbarn gehänselt worden, unwissend, welch sprachlicher Schatz in dem Dorf unter dem sagenhaften Kapellen-Hügel die Zeiten überdauert hat.

Ein Energiefeld

Kubiena warf seinen Zeitgenossen Ignoranz vor: „Wir unterschätzten gewaltig das Wissen und Können unserer Vorfahren auf dem Gebiet der Wirksamkeit der verschiedenen Strahlenkräfte.“ Für die galt es peinlich genau den Geist eines Platzes zu ergründen (genius loci) und mit heute kaum noch bekannten „Runenübungen und -gebeten“ die Tiefen- und Höhenstrahlung mittels Wasserbenetzung aufzuspüren.

Bei der Begehung mit einem Geobiologen stellte dieser beispielsweise einen „Reizstreifen“ fest, der von Nordwesten kommend in die

Ein Energiefeld liegt vor dem Bereich des Altars.

Sakristei führt und von „Globalgitternetzlinien“ gekreuzt wird. Was der Wünschelrutengänger nicht wusste: 1973 schlug, obwohl eine intakte Blitzableiteranlage vorhanden war, ein Blitz an einer unbekannten Stelle in die Kirche ein und steckte den Stromverteilerkasten in Brand. Und der lag genau auf dem „Reizstreifen“. Nicht nur das; die im Keller sichtbaren Altar-Fundamente der abgebrannten kleineren Vorgängerkirche liegen ebenfalls auf dem „Reizstreifen“. Die damaligen Priester standen also stetig auf dem Energiefeld und gaben diese bei ihren segnenden Handlungen durch das Handauflegen weiter. Bei zahllosen anderen alten Kirchenbauten ist die Altarstelle nachgewiesenermaßen ebenfalls auf einem positiven Strahlungsplatz errichtet. Beim Wiederaufbau der wohl nur hundert Jahre Bestand gehabten Vorgängerkirche um das Jahr 1100 ist das Wissen um die Strahlungen erneut berücksichtigt wurden. Erst bei der Renovierung nach 1960, als das Gotteshaus einen Betonboden bekam und der Altarvorraum umgestaltet wurde, verkehrte sich der „Segenseffekt“: Denn heute läuft der „Reizstreifen“ nicht durch den Altar; die Energie kommt nun beim Segen nicht vom, sondern geht zum Pfarrer über.

Der Naturwissenschaftler Lothar Rossig bezeichnet gar den Standort der Kapelle, von allen in Baden-Württemberg bekannten „Orten der Kraft“, als den eindrucksvollsten: „Ihr Geheimnis liegt vielleicht in dem faszinierenden geomantischen, genauestens erforschten und aufgezeichneten Strahlennetzwerk, das den gesamten Raum durchzieht und in der Quadratur des Chorraums zentriert ist.“

Der merkwürdige Schutzpatron „Maximin“

Die Ausbreitung des Christentums durch die fränkischen Missionare vermischte die bisherigen mit den neuen religiösen Bräuchen. Die Lehre von der „Dreieinigkeit Gottes“– Vater, Sohn, Heiliger Geist – ist so ein Beispiel, sie gab es schon in vorchristlicher Zeit: Der „große Geist“ war der unbekannte Gott, Allvater der Weltenschöpfung. Als Erdgeist offenbarte er sich als „Wodan“, Allvaters Sohn. Beide zusammen, zurückgezogen im kosmischen „Ur“ bilden sie den „Heilsgeist“. Dieser männlichen Dreifaltigkeit steht auch eine weibliche, die Mariendreiheit gegenüber. „Freya“, Sinnbild für Liebe und Fruchtbarkeit, wurde zur „Jungfrau Maria“ in weißem Gewand umgewandelt. „Frouwa“, die mütterliche im roten Gewand, wurde zur „Mutter Gottes“. Während „Fria“, die Todesgöttin, in schwarzen Kleidern als leidende Mutter, mit dem Leichnam Jesu im Schoß zur „Schwarzen Maria (Madonna)“ wurde.

Für jede umgewandelte „Heidenstätte“ musste sich laut Papst Gregor der passende neue Heilige finden. Da, wie uns Jakob Grimm in seinem Standardwerk der „Deutschen Mythologie“ verdeutlicht, die Wodansminne in eine Johannesminne verkehrt wurde, ist anzunehmen, dass in Belsen einst Wodanskulte („Wodans Heer“) abgehalten wurden, zumal hier „Johannes“ als Kirchenheiliger aufgeführt wird. Merkwürdigerweise gibt es für die Belsener Kapelle noch einen zweiten, in Süddeutschland nicht mehr vorkommenden Heiligen namens „Maximin“. Dieser war Trierer Bischof im 4. Jahrhundert, galt als radikaler Eiferer im Kampf gegen das Heidentum. Gäbe es ein passenderes zweites Patrozinium über einer alten Kultstätte?

Die Steinfiguren stammen höchstwahrscheinlich aus den Steinbrüchen bei Hechingen-Stein.

Nun gibt es eine mögliche Verbindung zwischen Belsen und Trier. Denn dort besteht das gleiche Doppel-Patrozinium; der Bischof ist im Koster St. Maximin um 350 bestattet worden. Im Jahre 1078 tobte in Deutschland der Machtkampf zwischen dem Papsttum und dem Königtum, der berühmte „Investiturstreit“. Die Landesherren als kirchliche Laien sollten auf Drängen der Geistlichkeit nicht länger Äbte und Bischöfe (gegen Geldzahlungen) in Kirchenämter einsetzen dürfen.

Einer der Nachfolger von Bischof Maximin, der junge Erzbischof Udo von Nellenburg, lag mit dem Heer von Heinrich dem IV. im Jahre 1078 vor Tübingen. Weil der Geistliche mit den Belagerern gemeinsame Sache machte und nicht einschritt, als fast alle Kirchen in den umliegenden Orten geplündert wurden, sei er, so die Überlieferung, als „Strafe des Himmels“ im Feldlager am 11. November plötzlich gestorben. Nun ist anzunehmen, dass König Heinrich den Leichnam seines Erzbischofs bis zu dessen Rückführung nach Trier an einem würdigen Ort aufgebahrt hatte. Die von Tübingen nächstgelegene, nicht geschändete Kapelle lag auf dem vom König unverwüsteten Gebiet der Zollern-Fürsten in Belsen. Dass der Sarg dieses großen Kirchenfürsten dort vorübergehend aufgestellt wurde, ist die wohl naheliegendste Vermutung aufgrund der verwandschaftlichen Verhältnisse zwischen den Zollern und der Famile des Erzbischofs. Die in Süddeutschland residierenden hochadeligen Grafen von Nellenburg hatten zum Beispiel das Kloster von Schaffhausen gestiftet.

Aus den Steinbrüchen der Römer

Alte Götter- und Sinnbilder wurden vielerorts als Schmähung oder Abschreckung gegen die heidnischen Dämonen an den Kirchen angebracht. Dafür entnahm man, wie im berühmten Belsener Giebel der Fall, an anderer Stelle die Skulpturen und fügte sie, mit dem triumphierenden Kreuz darüber, in der Außenwand ein. Die Herkunft der

Plastische Sonne am linken Dachträger?

Dämonenfratze am rechten Dachträger?

seit Jahrhunderten umstrittenen Skulpturen, von denen gleich die Rede sein wird, lässt sich zumindest für das Baumaterial klären. Die Stubensandsteine des gesamten Gebäudes dürften, wie übrigens die der Kapelle auf dem Hohenzollern, aus dem Ort Stein stammen. Es ist dasselbe Material, welches die Römer aus den Steinbrüchen bei Hechingen für den Bau ihres dortigen Heiligtums verwendet hatten.

Hans-Dieter Lehmann vermutet in seinen „Vorchristlichen Vorstellungen im Raum der Schwäbischen Alb“, dass der ummauerte Weihebezirk der römischen „villa rustica“ nicht nur Wallfahrtsort, sondern gleichzeitig Musterbuch des dort auf Götterbilder spezialisierten Steinmetzbetriebes gewesen sein dürfte. Das heute noch sichtbare Dekor hatte Vorbildfunktion für die Skulpturen der Belsener Westfassade. In den Schleifwegen, die von den Steinbrüchen ins Starzeltal hinabführen, sind 1993 Bruchstücke systematisch zerschlagener römischer Kulturbilder gefunden worden. Lehmann sieht darin keinen „alamannischen Bildersturm", sondern vielmehr die Verwertung von bequem zugänglichem Baumaterial für die damaligen Steinmetzen.

Bei der Deutung der einzelnen Figuren tun sich die Forscher immer schwerer, je verwitterter die Darstellungen im Laufe der Zeit werden. Auf den ersten Blick kann man heute im Giebel unter einem christlichen Kreuz fünf Tiere (je zwei gehörnte oder großohrige Köpfe, ein Stierhaupt) und eine sitzende menschliche Gestalt erkennen. Doch die ursprüngliche „Ausschmückung" ist nicht mehr vollständig. Auf einer Skizze, der ältesten Darstellung des Giebels, um 1752, sind rechts der Figurengruppe noch zwei Sonnen, und links unterhalb eine weitere verzeichnet. Heute sind sie nicht mehr erkennbar. Auch die an den vier Giebelecken befindlichen Dachträger bleiben geheimnisvoll. Eigenartige Steinvorsprünge, ihrer Form nach verschieden, nach unten abgerundet. Stellen sie auch Sonnen dar oder dämonische Kopfgebilde? Ihr Verwitterungszustand ist zu weit fortgeschritten, um darüber Aussagen zu machen.

Die Legende vom „Bel"

Die Herkunft der bearbeitet in die Mauer eingefügten Steine ist neben deren Anordnung das größte Rätsel. Da jede volkstümliche Überlieferung einen wahren Kern hat, kann uns vielleicht die älteste zur Verfügung stehende Sage (gesammelt in der Rottenburger Oberamtsbeschreibung von 1893) weiterhelfen:

„Die Kapelle stand ursprünglich in Sankt Johannisweiler, eine starke halbe Stunde südwestlich von Belsen gen Hechingen und wurde von dort an ihren jetzigen Platz übertragen. Die Köpfe an der Kirche aussen stellen die Tiere dar, die damals den Wagen gezogen haben, auf denen sie an den jetzigen Standort geführt wurde."

Hierin mag die verblassende Erinnerung liegen, dass die heiligen Gefässe und Reliquien nach Belsen überführt wurden, als die Siedlung vielleicht um 1500 aufgegeben wurde. Die Belsener Kapelle ist aber freilich älter. Besser könnte die Sage auf den verschwundenen Nachbarweiler Steinhofen passen, der wohl in die Römerzeit zurückgeht, aber von dem wir keine Hinweise auf seine einstigen Gebäude haben.

Die menschliche Gestalt im Giebel wird im heute fast verloren gegangenen Volksglauben „großer Bel" genannt. Eine zweite, kleine Steinfigur, eine Art „Männlein" über dem Eingangsbogen heißt „der

Der „große Bel“

kleine Bel“. Die älteste, augenscheinliche Überlieferung stammt aus der zweiten Hälfte des 18. Jahrhunderts. Nach dieser hatte damals der „große Bel“ noch eine Art Opferschale vor seinem Bauch. Für einen gesicherten vorchristlichen Kultplatz an dieser Stelle würde sich natürlich auch ein Opferpriester oder gar Gott selber (Bel) bildlich verewigt prima machen – und die alte Sage an Glaubwürdigkeit gewinnen. Der römische Geschichtsschreiber Tacitus berichtet von Germanen-Druiden, die heilige Haine unter sich hatten. Und nur diese Weisen durften den von Kühen (an anderer Stelle: von weißen Pferden) gezogenen heiligen Wagen lenken. Die Zutatenliste einer Opferfeier, wie sie noch in lebendiger Tradition bis 1468 „allemahl in der selben Weise“ auf dem Kirchhügel zu Rottenburg-Wurmlingen abgehalten wurde, kann uns eine Vorstellung von solch einem frugalen Fest geben: Zu dem Mahl war zu liefern „ein Fuder Scheiterholz, ferner ein dreijähriger Stier, ein drei-, ein zwei- und ein einjähriges Schwein sowie drei-, zwei- und einjähriges Bier“.

Theophil Rupp („aus der Vorzeit Reutlingens“, 1869) sieht im „Bel“: „die Gottheit „Fro“, der unfruchtbare Frauen Kränze und Blumen opferten, und die auch an der Kirche zu Grossen-Linden durch Phallus und Eber, auf dem sie reitet, in den Grabhügeln bei Uhlbach gefunden oder wie man ihn im Tempel von Uppsala gesehen hat, zu erkennen ist. Der Phallus kann schon beim Einsetzen in die Mauer entfernt worden sein.“ Der lokale Mythologie-Experte fand auch „einen leisen Anklang an die frühe Verehrung des „Fro“ auch als Gott der Liebe in der Umgegend des Steinlachthals im Brauch des gemeinschaftlichen Waldgehens an Sonntagen der ledigen Burschen und Mädchen, die früher zu mehrfachen Rügen und Strafen von Seiten der Geistlichkeit geführt hatte.“ „Fro“ (von fronen, dienen) wurden Stiere, Eber und Pferde geopfert.

Eine ähnliche Gottheit, weiblicher Art, verehrten die Kelten. Es ist die „Epona“. Von ihr existieren gesicherte Bildwerke: Bei Ausgrabungen in Mittelstadt um 1962 entdeckte man das rund 40 Zentimeter hohe Relief dieser keltischen Muttergottheit, die als Pferdegöttin verehrt wurde. Obwohl die Darstellung erstaunliche Ähnlichkeit mit dem Belsener „Bel“ hat, wurden beide bislang in der Literatur nie in Verbindung gebracht. Auf dem im Reutlinger Heimatmuseum gelagerten Sandstein-Bildnis sitzt die „Epona“ in selber Stellung wie der „Bel“ – allerdings im „Damenreitstil“ auf einem links und rechts noch erkennbaren Pferd. Auch die Stellung der Füße, auf einer Art Bodenleiste, sind fast identisch. Die Pferdegöttin hält in der Körpermitte wohl die als Rundung sichtbaren Zügel in der Hand. Beim „Bel“ wollte man ja noch eine Schale oder Scheibe gesehen haben. Der beim „Bel“ als Wulst gedeutete Kopfring ist bei dem Mittelstädter Fund eindeutig als weiblicher Haarkranz zu erkennen. „Epona“ (= Born des Pferdes) galt auch als Totengöttin, als Seelenführerin der Verstorbenen.

Eine Abgleichung mit in Württemberg gefundenen römischen Bildwerken (eine Veröffentlichung von 1900) stellt den „großen Bel“ mit der Todesgöttin „Herecura“ in Verbindung (analog zur erwähnten urgermanischen Fria und der jüngeren, keltischen Epona). Auf anderen Steinbildern ist „Herecura“ ebenfalls sitzend, mit römischer Haartracht und mit beiden Händen einen Früchtekorb haltend dargestellt. Die angedeuteten Rundungen in der Körpermitte des verwitterten Belsener „Bel“ könnten durchaus einmal die Brüste plastisch dargestellt haben. Umgeben wäre sie auf der Darstellung am Kapellengiebel dabei von ihren Opfertieren, wie es treffend im Psalm 66,15 heißt:

„Ich will dir Brandopfer bringen mit feisten Schafen, samt dem Rauch von Widdern, ich will opfern Rinder mit Böcken.“

Der Orion

Oswald Kubiena indessen ging die Entschlüsselung des „Bel“s von einer anderen Seite an. Nämlich auf dem in der Forschung vernachlässigten Aspekt eines auf astronomischen Gesichtspunkten aufgebauten Gotteshauses. Dazu muss man wissen, dass alle Mythen der indogermanischen Völker auf Stern-Mythen zurückgehen. Neben den bekanntesten Göttern wie Mars, Jupiter und Venus gab es auch Halbgötter, die man zwischen die Planeten als Sternbilder in den Himmel versetzt hatte. Dazu zählt der (große Jäger) „Orion“, der je nach Kultur auch als Fro, Herkules, Thor oder Mithras deutbar ist.

1876 fand man in der Ofterdinger Steinlach eine Statue des Sonnengottes „Sol“, der es im 3. Jahrhundert zur höchsten römischen Gottheit gebracht hatte. In der Zeit davor gesellte sich „Sol invictus“

Der steinerne Stierkopf.

erst neben den Lichtergott Mithras und wurde ihm dann sogar gleichgesetzt. Das Auffinden dieser äußerst seltenen (und einzig bekannten Stand-)Figur im Steinlachbett beweist, dass der Kult hier verehrt wurde. Warum sollte dem Standort einer keltischen Sonnenverehrung nicht ein römischer Sonnen-Tempel gefolgt und schließlich eine der Tradition weiter folgende Sonnen-Kirche gebaut worden sein? Ist es Zufall, dass die XXII. römische Legion (Primigenia Pia Fidelis), die die Mithras-Bräuche der Vorgänger-Legion (Dejotariana) aus Ägypten übernommen hat, viele Jahre in unserer Gegend stationiert war?

Der Stiermythos

Zurück zum „Orion“, den wir nun einfach mal an die Stelle von „Bel“ setzen. Wenn wir uns dieses Sternbild am Himmel betrachten, so fällt uns zu seiner Rechten das Sternbild des „Stieres“ auf – wie am Giebel der Kirche. Gottheiten hatten immer mit Stieren zu kämpfen. Herakles tötete den minoischen Stier. Mithras erdolcht auf Darstellungen einen Stier. Jupiter entführte die Europa in Gestalt eines Stieres. Noch heute sind Stierkämpfe in Spanien als religiöse Handlungen überliefert. In Grimms Märchen „Kristallkugel“ steckt ein letztes germanisches Stück Stiermythos. Der Held muss, um die Königstocher zu befreien, einen Stier töten. Auf dem alamannischen Reihenfriedhof am Belsener Weg nach Mössingen fand man das Skelett einer Frau, über der das Haupt eines Stieres lag!

Die alte Geiß mit ihrem Zicklein?

Der Stier gilt auch als Erderschütterer. Im Erdbebengebiet von Kreta wurde er zur Beschwichtigung der Götter geopfert. Auch Belsen liegt im „Zollerngraben“. Zuletzt, in den 50er Jahren des 20. Jahrhunderts neigte sich nach vielen Erdstößen die Giebelwand mit den Reliefs bedrohlich nach außen und musste unter schwierigen Bedingungen wieder in die normale Lage zurückversetzt werden.

Ziegensterne und Hund-Sternbild

Über dem „Orion“ sieht man zwei als Widder gedeutete Tierköpfe. Bei genauerer Betrachung alter Bilder erkennt man aber Unterschiede: Der rechte Kopf hat keine Hörner und sieht doch eher wie eine heimische Ziege aus. Ein Blick auf die Sternenkarte bringt eine Lösungsmöglichkeit. Im Sternbild „Fuhrmann“ oberhalb des „Orion“ sieht man den Gott „Thor“ mit zwei Ziegenböcken, welche seinen Streitwagen über den Himmel ziehen. Die beiden Sterne sind die „Capella“ und galten als Ziegensterne – als alte Geiß mit ihrem Zicklein.

Schweine, Vögel oder doch Jagdhunde?

Schließlich bleiben die zwei Tierköpfe links. Sie wurden mal als Vögel, mal als Schweineköpfe beschrieben. Wenn wir die auffallend großen Flügel oder Ohren betrachten, erinnern sie uns aber auch an die Hängeohren von Jagdhunden. Auch hierbei ist die Ähnlichkeit in der Nachbarschaft des „Orion“ frappierend, wo sich ebenfalls links die Sternbilder „Großer und kleiner Hund“ befinden. Diese Jagdhunde sind die Begleiter des Jägers „Orion“.

Eine gewagte Darstellung, mag man einwerfen. Ein Blick auf den Kirchenberg von Gisors bei Paris, den Sitz der legendären Templer, zeigt, dass dort sogar das ganze Bauwerk nach Sternbildern gebaut wurde. Das mächtige Gebäude ist so errichtet, dass sein Grundriss sich genau mit der Projektion der zwei Sternbilder „Großer und kleiner Bär“ sowie des „Schiffs“ deckt. Die Mauer-Ecken und Türme liegen genau in den Schnittpunkten der vom Himmel abgenommenen Linien. Weitere Beispiele grandioser Bauwerke, die mit den Tierkreiszeichen in Einklang stehen sind die der Licht-Religions-Anhänger der Katharer in Queribus und Mont Segur. Dass gerade in Belsen solche Ähnlichkeiten auftauchen, mag daran liegen, dass, so Kubiena, „die Schwaben einen

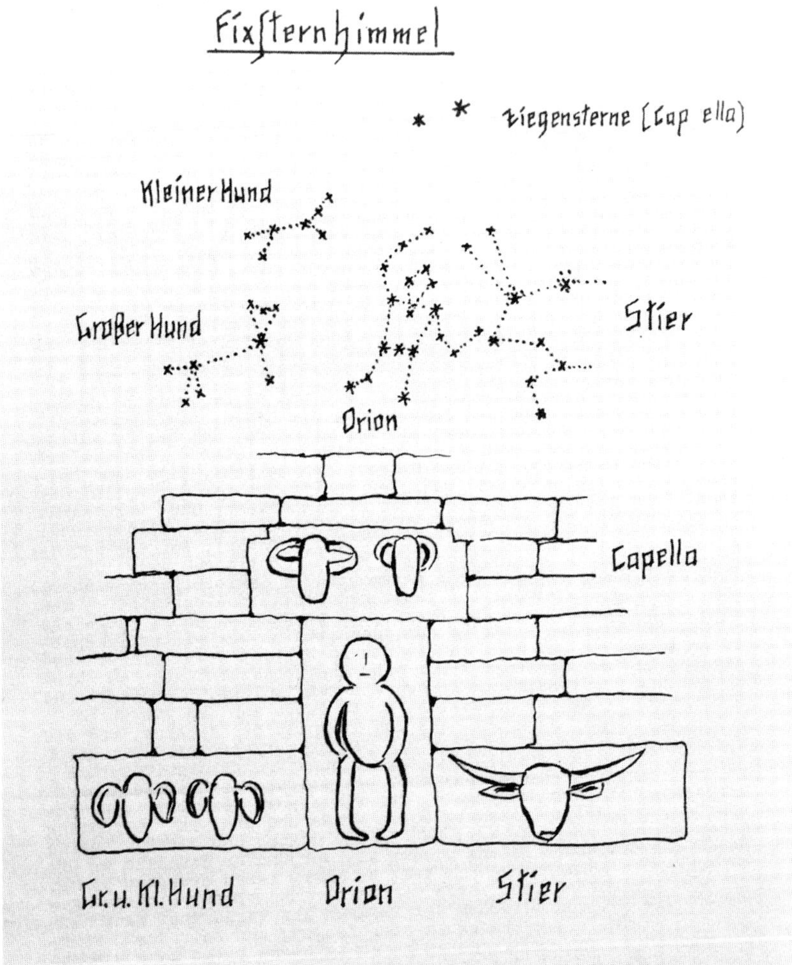

Komischer Zufall oder Absicht der astronomisch versierten Bauherren: Die Giebelwand der Belsener Kapelle als Abbildung eines Teiles des Fixsternhimmels?

Hang zur Sektenbildung hatten und sich immer wieder gedrängt fühlten, das Ideal einer unsichtbaren Kirche, einer Art Johannischem Sonnenchristentum, wie es die Templerorden übten, zu verwirklichen." Nicht von ungefähr ist die Gründung der Rosenkreuzlergesellschaft im 16. Jahrhundert von einem Stuttgarter betrieben worden oder wurde in den Bauernkriegen Württembergs nicht nur um die Herstellung alten Rechts, sondern noch viel leidenschaftlicher um die „reine Lehre" gekämpft.

Der kleine Bel

Der „kleine Bel" über der Eingangstür ist der hoch oben befindlichen menschlichen Figur ganz entgegengesetzt. Gedeutet hat man ihn bislang als Eule, auch als Christus. Dahinter steckt das Unvermögen mancher Zeitgenossen, die Dinge nicht aus dem Blickwinkel der Menschen vor eintausend Jahren, sondern nur vom Hier und Heute zu betrachten. Kubiena, der die Symbolik vom astronomischen Standpunkt aus angeht, sieht im „kleinen Bel" eine Art „Sonnenzwerg" ähnlich den Steinmetzarabeiten am Wiener Tor in Heinburg. Als im Mittwinter zur Bedeutungslosigkeit zusammengeschrumpfte Sonnengottheit, von Kältefesseln zusammengeschnürt an der tiefsten Stelle der Sonnenbahn.

Wer oder was ist der „kleine Bel"?

Die Kapelle wurde unter dem Einfluss der Benediktiner in Hirsau erbaut, die wohl nicht nur geografische Verbindungen bis in die Provence zu den Sonnenburgen hegten. Über den Eingängen – außer der später hinzugefügten nördlichen Tür – sieht man als Sonnenringe gedeutete und weitere abstrakte Kreise, die wohl den Mond darstellen.

Über der Pforte thront das Himmelsfirmament.

Diese sieben Scheiben, die die linke Seite über dem Haupteingang füllen, sind aber vielleicht keine Sonnen, sondern stellen die sieben Planeten dar. Nimmt man die „Externsteine“, jene berühmte astronomische Kultanlage in Norddeutschland, zum inhaltlichen Vergleich, sind sie Zeichen des Weltalls; der Bogen als Himmelsfirmament, dazwischen das Kreuz, mit angebrachten Kerbungen, als Lebensbaum denkbar.

Die Halbsäulen

Die Halbsäulen rechts und links des Portals haben ursprünglich ein Vordach getragen (wie noch teilweise in Owingen zu sehen). Damit lassen sich auch die oberhalb befindlichen Balkenlöcher erklären. Dass Säulen Namen tragen können, steht schon in der Bibel. In der 2. Chronik 3,17 heißen die beiden Gebilde am Eingang des Salomonischen Tempels „Jachin“ und „Boas“. Die beiden Säulen stellen die Sonnwenden dar und sind Schlüsselpunkte der geheimen Templer-Ritter- und Freimaurer-Lehre. Die nördliche Symbolisierung der Sonnwendsäulen wird links des Eingangs stehen, die südliche an der rechten Stelle. „Boas“ ist verwandt mit „Boreas“, dem Nordwind, der heute noch in Dalmatien „Bora“ genannt wird. „Jachin“ hat sich im slawischen Wortgebrauch als „Jih“ für „Süden“ fortgesetzt.

Symbolträchtiger Eingangsbereich der Kapelle.

Die benediktinischen Bauberater ließen in Belsen möglicherweise die Säulen wie in Hirsau zu Ehren von „Petrus" und „Paulus" erstellen. Immer dort, wo dieses berühmte Apostelpaar in Erscheinung tritt, ist eine reformatorische Absicht damit verbunden gewesen: Es sollten wieder die alten, sittsameren Regeln innerhalb des Ordens zurückgerufen werden.

Aber die Belsener Säulen müssen noch eine weitere Bedeutung gehabt haben. Anders lässt sich ihre plastische Ausbildung am Säulenende nicht erklären. Die linke Säule ist mit drei nach oben schmäler werdenden Steinwülsten umschlungen.

Der rechte Säulenfuß besteht hingegen aus zwei verwitterten Rundungen. Es können drei konzentrische Kreise dargestellt gewesen sein, was an den „Ring draupnir" der germanischen Mythologie erinnert. Wodan wird auf vielen Felsbildern als solcher mit Pferdeköpfen dargestellt.

Die linke Halbsäule des Portals.

Die rechte Halbsäule des Portals.

Die Sonnensteine von Sankt Jakob

Zur Belsener Darstellung gibt es bemerkenswerte Parallelen mit der Tübinger Jakobskirche. In der Unterstadt sind vier Steine mit konzentrischen Kreisen vermauert. Sie gelten in ihrer vorchristlichen Vorstellung als Darstellung des Jahresablaufs: Der kleinste in der Mitte zeigt den Sonnentiefstand, der mittlere die beiden Tag- und Nachtgleichen und

Der linke Säulenfuß.

Der rechte Säulenfuß hat Ähnlichkeit mit Sonnensteinen in der Tübinger Jakobskirche.

der äußere, größte Kreis den Sonnenhöchststand. Aber auch als physische Sonne, die am Tage scheint, die seelische Sonne, die innerlich leuchtet, und die geistige Sonne. Man hat 1972 Untersuchungen angestellt, die belegen, dass die „Sonnensteine" aus Sandstein vielleicht aus dem Schwärzloch stammen. Dort finden sich auch konzentrische Kreise in der ehemaligen Kapelle an den Säulenkapitellen.

Diese beiden Maueröffnungen sind im aktuellen Belsener Kirchenführer nicht mal erwähnt, weil man sie für „Schießscharten" hält. Dabei steht ihre Funktion als kosmischer Kalender der des Sonnenlochs in nichts nach.

Die St.-Jakobs-Steine sind längere Zeit der Verwitterung fern gehalten und erst 1501 in die Kirche eingebaut wurden. Dieses vermutlich um 1100 errichtete Gotteshaus wurde sehr wahrscheinlich zum Gedächtnis an der Stelle errichtet, wo der Erzbischof von Trier am 11. 11. 1078 verstorben ist. Wie anfangs bereits erwähnt, lag das Belagerungsheer des Königs Heinrich IV. wohl auf dem Brühl, dem Weideland in der Ammerniederung. Die Familie des Bischofs könnte die Kirche gestiftet haben, wofür das Patrozinum „Sankt Jakob" spricht. Die Eltern des verstorbenen Udo von Nellenburg sind nämlich als früheste deutsche Pilger zum bedeutendsten abendländischen Wallfahrtort nach Santiago de Compostela bekannt. Tübingen liegt offenbar an einem mittelalterlichen Pilgerweg, der über Kilchberg und Dusslingen durchs Killertal nach Süden weiter führte. Der Apostel „Sant'Jago" war der Schutzheilige der Reconquista, der christlichen Kämpfer gegen die islamischen Heiden.

Die vergessenen Fensterscharten

Das Bestreben, die Kapelle auf dem (Himmels-)Berghügel dem All nachzubilden, wurde in Belsen sichtbar. Als Ersatz für ein eindrucksvolles Kuppelgewölbe, so Kubiena, begnügte man sich mit den Bogen im Chorturmraum.

Nun entdeckte der Astro-Forscher Kubiena, dass man die von ihm in die Giebelwand hineininterpretierten Sternenbilder auch von der Kirche aus genau beobachten konnte.

In der Literatur über die Kapelle wird nirgends ernsthaft auf die Funktion von zwei Maueröffnungen im Chorturmraum eingegangen. Als „Schießscharten" will man sie bis heute deuten. In der Kirchen-Broschüre (1977) erläutert der langjährige Belsener Pfarrer Georg Oberdörfer, dass die Kapelle ein Zufluchtsort war: „Die früheren Fenster gestatteten in drei Metern Höhe nur schwer das Eindringen ins Innere. Schießscharten und Verteidigungsluken können festgestellt werden..."

Sollten die Bauherren im 11. Jahrhundert tatsächlich so weitsichtig gehandelt haben, um zu wissen, dass im Jahr 1320 Schießpulver für Schusswaffen erfunden werden würde? Oder hatte man die Maueröffnungen erst später eingebaut, mit der Absicht, ein Angriff auf die Kirche fände ausgerechnet nur an der Südostseite statt? Dass die zwei, jetzt von dem Sakristei-Anbau verdeckten Löcher eine ähnliche Funktion wie das berühmte „Sonnenloch“ haben könnten, schien niemanden in den Sinn zu kommen. Dabei sind deren Funktionen (wenn die Messungen stimmen) höchst faszinierend und stehen dem „Sonnenloch“ in nichts nach.

In 132 und 265 Zentimeter Höhe sind im Altarraum auf der südöstlichen Seite die zwei Öffnungen in der Wand eingebracht. Der unten nachträglich eingefügte Steinblock diente, entgegen der Sage, nicht zum Befestigen eines Opfertieres, sondern zum Anbinden des einzigen Glockenseils. Wäre die Sakristei nicht direkt vor die zwei Öffnungen gebaut worden, könnte man heute noch zur Weihnachtszeit ein kosmisches Schauspiel erleben.

Denn die Scharten weisen genau in die Richtung, wo zur Mitwinternacht die Wiedergeburt des Sonnengottes erfolgte und in christlicher Zeit der Erlöser geboren wurde. Verständlich, warum der Gotenbischof Wulfia den Namen Christus übrigens stets mit „Fro“ übersetzte.

Die untere Scharte, mit einem Stein zum Glockenseil-Anbinden versehen.

Am 24. Dezember eines jedes Jahres ab 24 Uhr müsste das tiefstehende Sternbild des „Orion“ in die untere Scharte gestrahlt haben und den Priestern die Geburt Jesu angezeigt haben. Zudem sah man die drei leuchtenden Mittelsterne bereits um 23.30 Uhr in einer Linie

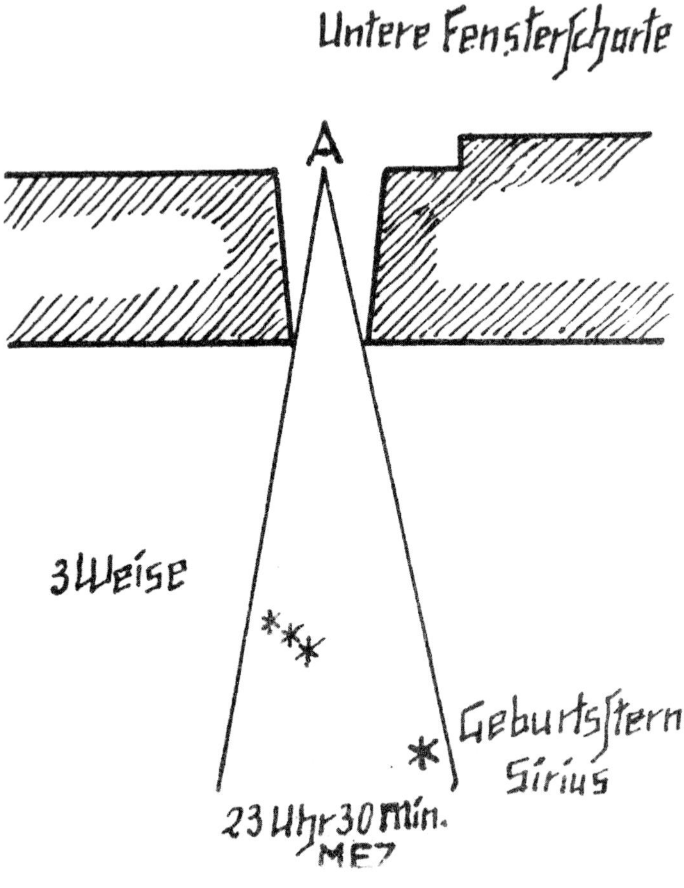

Die untere Scharte zeigte am 24. Dezember die Geburt des „Sonnengottes" und den Aufbruch der „Drei Könige" an.

mit dem Geburtsstern „Sirius". Dieses eindrucksvolle Bild wurde einst als die „Drei Weisen" gedeutet und zu den „Heiligen Drei Königen" gemacht, die auf dem Weg zur Geburtsstätte Jesu waren. Tatsächlich soll zur Zeit von Jesu Geburt (und die war im Jahre 7) kein großer Stern, sondern ein einzigartiges Zusammentreffen der drei Wandelsterne Jupiter, Uranus und Saturn im Tierkreiszeichen der Fische am Himmel gestanden haben.

Der Fixstern „Sirius", der schon in Ägypten zur Bestimmung des Jahresanfangs herangezogen wurde, heißt auf griechisch „Seirios", indisch „Suria" (Sonne). Die Verbindung beider Begriffe ergibt sich da-

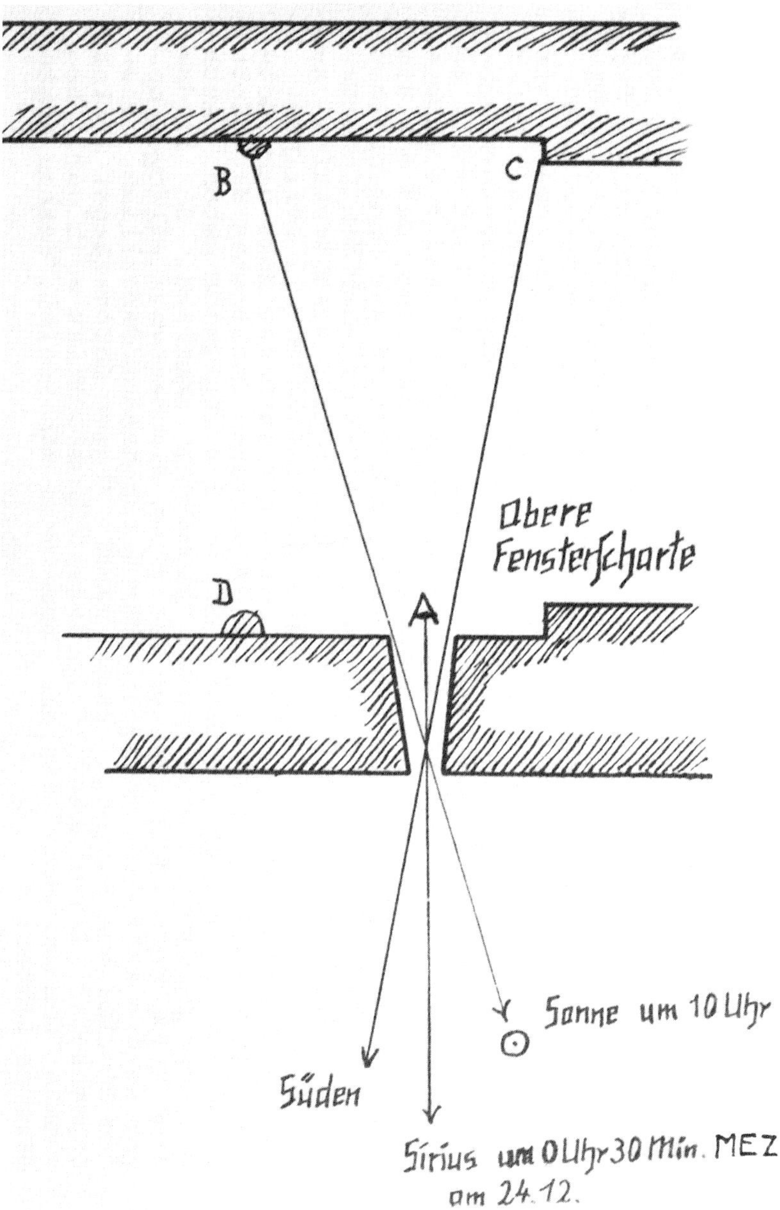

Wiedergeburt des Lichts: Durch die obere Scharte fällt die Weihnachtsmorgen-Sonne auf den gegenüberliegenden Bogen (B) des Altarraums und wandert am selbigen entlang bis zum Ende (C).

raus, dass die Sonne am 24. 12. um Mitternacht zur Wintersonne wiedergeboren wird, genau dem „Sirius" gegenübersteht und zur Fensterscharte hineinblickt.

Aber auch zur Ermittlung des „Sonnenmondes" wird die untere Fensterscharte gedient haben, denn wir wissen, dass die Hauptfeierlichkeiten des Julfests nicht am Tage der Sonnenwende selbst, sondern zum ersten Vollmond danach abgehalten wurden.

Durch die obere Scharte fielen die Strahlen der Morgensonne während der Weihnachtstage (ab 10 Uhr, zur besten Gottesdienstzeit) auf die gegenüberliegende Wand des Chorraums. Zunächst auf die Mitte, dann auf eine Halbsäule und schließlich auf die Ecke. Diese Erscheinung bewirkte ein Weiterrücken der Sonne und betonte, so Kubiena, die anstehende Sonnenwende, die Wiedergeburt des Lichtes. Die Kirche nennt in der Weihnachtspredigt Christus nicht von ungefähr „Sonne der Gerechtigkeit" (Lux crescit), die zwölf Apostel stehen nicht zufällig für die Monate des Jahres und dass Johannes dreißig führende Anhänger hatte, füllt zudem die Monatszahl des Mondes aus.

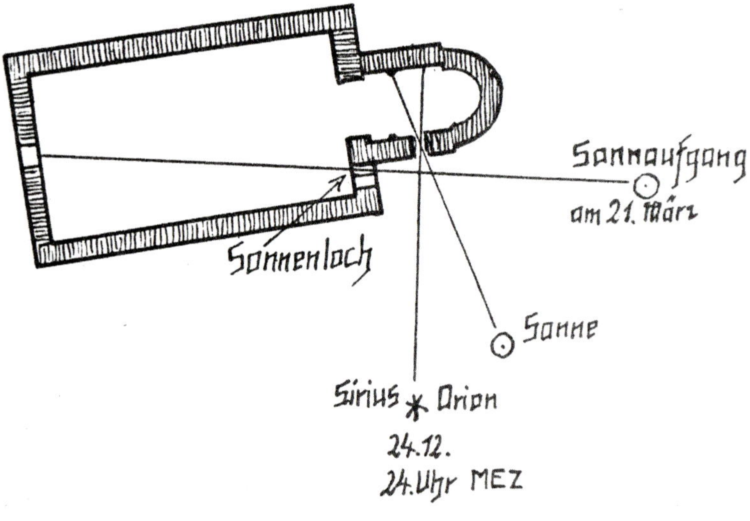

Die Funktionen der drei Mauerlöcher auf einen Blick.

Um durch die obere Scharte auch noch den Sternenhimmel beobachten zu können, musste man auf eine Leiter steigen. Im Mithraskult kletterte der Priester auf eine siebensprossige Treppe, um ins Paradies (Redensart: „Im siebten Himmel") zu schauen. Auffallend ist in Belsen, dass zwischen der unteren und oberen Scharte genau sieben Quadersteine liegen. Dabei gehen die Löcher nur auf die älteste und

Die Säulen als „Baum des Lebens" und als „Baum der Erkenntnis"?

einfachste Vorkehrung, Sterne betrachten zu können, zurück: die zu einem Fernrohr geformte hohle Hand.

Zwei solche übereinander liegende Fensterscharten finden sich auch in dem eigenartigen Grabmal Theoderichs. Der Gotenkönig war in der Sternenkunde sehr bewandert. Unter anderem kritisierte er die Römer dafür, dass sie ihren Circus in Rom für blutige Gladiatorenspiele entweiht hatten. Ursprünglich war die Anlage nämlich als „Gestirnstätte" gedacht: Die zwölf Tore entsprachen den zwölf Tierkreiszeichen, die 24 Rennen den 24 Stunden des Tages und die beiden Obelisken stellten das Tag- und Nachtgestirn dar. Die vierfache Einteilung entsprach den vier Jahreszeiten usw.

Ekliptik

Damit aber nicht genug der kosmischen Fähigkeiten der Baumeister: Im Altarraum fallen die zwei gegenüberliegenden Halbsäulen auf. Als Stütze wären sie nicht nötig gewesen. Kubiena sieht in ihnen den „Baum der Erkenntnis" und den „Baum des Lebens". Darüber spannt sich, quasi als Paradies, je ein Bogen. Er versinnbildlicht die scheinbar von der Sonne durchlaufende Bahn am Himmel innerhalb eines Jahres (Ekliptik). „Die Bogen sind ins All projiziert und stellen die Tierkreisläufe vom Stier bis zur Waage dar", erläutert Kubiena an einigen Beispielen: Auf 0° Krebs (an der höchsten Stelle des Bogens) liegt der 22. Juni („Paulinus"). Dieser hieß einst Saulus (Säule) und personifiziert wiederum die Erdachse. Petrus (auf 7°, am 29. Juni) steht für die Achse der Ekliptik.

Nicht bloß Bogen, sondern kosmischer Kalender.

Wenn ein Grad fast einem Tag entspricht, lassen sich überdies die zur Zeit des Baus wichtigen christlichen Feiertage von Weihnachten ab gerechnet kosmisch festlegen und damit ihren Ursprung in alten Kulten nachweisen. Zwei Beispiele: 45 Tage vor Weihnachten ist Martinstag. Diese 45 Tage entsprechen dem 45° betragenden Sphärenwinkel des Planeten „Merkur“. Der wurde von der Kirche durch den heiligen Martin ersetzt. Oder, 40 Tage nach Weihnachten ist Lichtmess. Diese 40 Tage entsprechen den 40° betragenden Sphärenwinkel vom „Mond“. Die Mondgöttin wurde von der Kirche durch die Maria ersetzt. Petri Stuhlfeier, eine wichtiger Tag für die Kirche, ist durch die Zeitspanne von 60 Tagen nach Weihnachten sonnenbetont, da der Sphärenwinkel der Sonne 60° beträgt. Zuletzt sei noch der St.-Georgs-Tag erwähnt, der 120 Tage Abstand zu Weihnachten hat, also dem Sphärenwinkel des Saturn mit 120° gleichzusetzen ist.

Oswald Kubiena schlussfolgerte: „Wer also die Kapelle zur richtigen Sternenstunde aufsucht und wer sich ein synthetisches Denken und integrales Schauen bewahrt hat, wird erstaunt sein, welche sehr alten kulturellen Werte aus diesem unscheinbaren Gotteshaus sprechen.“

Der Heidenbrunnen

Verborgen unter dicken Steinplatten und mit Gras überwachsen liegt gegenüber dem Friedhofseingang der tiefe Schacht einer gemauerten Zisterene. Im Volksmund „Heidenbrunnen“ genannt, könnte es das älteste noch erhaltene Bauwerk des Ortes sein.

Nun noch wenige Leute erinnern sich an den rätselhaften Brunnenschacht, den man zuletzt 1962 kurz öffnete, um daraus Wasser zum Bau der Leichenhalle zu fördern. Der mit Steinen sauber ausgemauerte Schacht misst rund einen Meter im Durchmesser. Damals hatte er eine Tiefe von rund neun Metern, gemessen von der Grasnarbe bis zum schlammigen Boden.

Geschichtlich ist bekannt, dass der „Galbrunnen am gemein Geßlin, uff Bellßa“ bereits 1522 erwähnt wird. Die bisher einzige Grabung gab es 1891. Belsens Pfarrer Josenhans schrieb: „In allernächster Nähe der Kapelle ist eine

Tübingens Museum-Vizechefin Kathrin Fastnacht mit dem rätselhaften Kesselfund aus dem Heidenbrunnen.

Zisterne, die wieder aufgegraben wurde und in dem man verschiedene Scherben und Gefäße fand. Darunter auch einen Kessel."

Diesen Kupferkessel mit Eisengriff hat sich der Mössinger Archäologe Steffen Killinger nun genauer angeschaut. Der äußerst gut erhaltene und für seine Größe seltene Fund liegt im Magazin des Tübinger Museums und ähnelt den auf mittelalterlichen Gemälden dargestellten Schöpfkesseln an Ziehbrunnen. Albrecht Dürer malte beispielsweise um 1500 eine Tafelszene, wo Josef mit dem an einem Seil und Galgen befestigten Gefäß Wasser für die Tischrunde schöpft, um es in einige Tongefäße zu gießen. Die in Belsen gefundenen Scherben sind leider verschollen, könnten aber durchaus Teile von Trinkgeschirr sein.

Aber nur über die Tonreste wären genaue Altersdatierungen möglich, was bei Metall nicht der Fall ist. Vielleicht liegen im schlammigen Brunnenboden noch weitere Scherben oder gar dendrochronologisch verwertbare Holzteile vom einstigen Ziehbrunnen-Aufbau.

Über neun Meter geht der gemauerte Brunnenschacht in die Tiefe.

Die spannendste Frage ist: Warum kam an diesem (Galgen-)Brunnen mittelalterliches Koch- und Trink-Geschirr zum Gebrauch? Würde man für das wenige Wasser, das ein Messner einst brauchte, einen Brunnen so aufwändig einfassen? Bis zum Jahre 1824, als Belsen den ersten Pfarrverweser erhielt, gab es in dem Ort nur ab und zu im Sommer einen Gottesdienst. Denn die Belsener gehörten nach alten Akten „lebendig und tot nach Mössingen". So wurde auch erst 1825 ein Friedhof dort angelegt. Der Brunnen steht also auch in keinem Zusammenhang mit der Bewässerung des Gottesackers.

In diesem Zusammenhang bleibt es völlig unerklärlich, warum diese uralte Wallfahrtskapelle samt Belsen, das älter als Mössingen ist, irgendwann im 15./16. Jahrhundert ihre Selbstständigkeit verloren und dem weniger begüterten Nachbarort eingegliedert wurden. Alte Belsener Familien hatten beispielsweise Grundbesitz dort, wo heute das Mössinger Schulzentrum oder das Freibad stehen.

Die Funde am Brunnengrund sind ein Indiz dafür, dass auf dem jetzt von Obstbäumen gesäumten Westhügel, zwischen Friedhofparkplatz und Pfarrhaus, ursprünglich Ur-Belsen lag. Grabungen des Pfar-

Der Kapellenvorplatz, wie er nach dem Ersten Weltkrieg ausgesehen hat.

rers Max Duncker brachten dort 1900 zahlreiche, nicht weiter untersuchte Fundamentreste zu Tage. Vielleicht stammt der Brunnen sogar aus der Zeit des Kirchenbaus. Kaum vorstellbar, dass sich die Handwerker ihr Wasser für die Baustelle aus dem einen Kilometer entfernten Buchbach holten.

Möglicherweise ist der Brunnen sogar Teil des abgegangenen römischen Gutshofes, der in Steinwurfweite unterhalb des Kapellensüdhügels unter dem Ackerboden liegt.

Der immer klares Wasser führende Schacht mit unterschiedlichem Pegelstand soll über ein geologisches Röhrensystem mit dem Albrand verbunden sein. Je nach Witterung wird das Grundwasser mehr oder weniger stark auf den Kapellenberg gedrückt und macht den höchsten Punkt des Ortskerns erstaunlicherweise zur feuchtesten Stelle des Dorfes.

Unterirdischer Gang

Stehen der Bau des Brunnens oder die Grabungen in Zusammenhang mit der nicht erklärbaren Legende eines unterirdischen Ganges, der gar bis zum Farrenberg geführt haben soll?

Diesen legendären Tunnel suchte schon 1899 Pfarrer Duncker. Er begann unterhalb des Kirchturms, „denn wenn je eine Gruft da war, dachten wir, muss sie in der Nähe des alten Hochaltars zu finden sein. Allein wiewohl wir 1,65 Meter tief auf den gewachsenen Grund kamen, fanden wir das Skelett eines zwei- bis dreijährigen Kindes ..."

Der Geistliche stieß mit seinen Helfern nördlich des Turms auf ein 1,30 Meter tief liegendes Fundament, „aus großen, mit Ziegelstücken unterlegten Sand- und Kalksteinen bestehend, das in der Breite von 55 Zentimetern sich von der Nordostecke des Schiffs, in gerader Linie mit den Fundamenten der Nordwand, 3,5 Meter lang gegen Osten erstreckt, um dann im rechten Winkel der Ecke zwischen Kirchturm und Choranbau umzubiegen."

Mit dieser bis heute nicht wieder aufgegriffenen Entdeckung begnügten sich die Männer, leider ohne sich um ihre „Abfall"-Funde näher zu kümmern: „Der ganze Raum zwischen dieser entdeckten Mauer und der Nordwand der Kirche war mit Stücken von alten Hohlziegeln, Gefäßscherben feiner Arbeit, Kohleresten usw. ausgefüllt – mitten drin auch eine Anzahl bearbeiteter Sandsteine, darunter ein aus Stein gehauener Ziegenkopf, etwa 22 Zentimeter hoch. Die Hörner sind abgeschlagen, dagegen der zwei Zentimeter lange Bartansatz noch erhalten. Der Kopf, der wohl an einem Gesims befestigt war, bildet eine interessante Parallele zu den Tierköpfen des Giebels. Die Arbeit war viel feiner als bei zwei weiteren ziemlich plumpen Widder(?)köpfen, die sich im Schutt fanden. Auch Zähne von Pferden und Schweinen fanden sich im Schutt."

Kinderskelette

Was hatte Duncker entdeckt? Die kleinere Vorgängerkirche war es nicht, deren Fundamente grub die Mannschaft im Inneren der Kirche an (heute im Keller freigelegt zu sehen). Dafür stieß man dort wieder auf Menschenknochen, „die wir vor der Apsis in der Tiefe von 1,5 Metern gefunden haben. Alle drei Skelette lagen in bloßer Erde, ziemlich stark verwittert. Grabbeilagen waren nicht zu finden. Andere Skelette fanden sich im Raum zwischen Altar und Südportal, hier meist von Kindern. Die vor der Westseite zeichneten sich durch besonders große und starke Knochen aus. Doch hatte es den Anschein, dass die Knochen nicht mehr in ihrer ursprünglichen Lage seien."

Könnten diese Skelett-Funde auf sehr alte Bestattungen hinweisen und damit ein Beleg dafür sein, dass in Belsen die ursprüngliche Pfarrkirche der Markung gestanden hat? Dann hatte ein 789 erwähnter „Presbyter (Priester) Herimar" vielleicht hier oben gewohnt und der Brunnen stammt aus dieser Zeit. Damit bleibt aber nach wie vor ungeklärt, wer diesen Bau finanziert und bewerkstelligt hat. Belsen, der Überlieferung nach aus sieben Höfen entstanden, zählte im Mittelalter gerade mal „17 Seelen."

Geheimnis vom „Heiligen Loch“

Auf der Suche nach den alten Kultstätten

Auffallend oft finden sich südlich von Mössingen an mehreren Stellen die Flur-Bezeichnungen „heilig“. Es gibt sie aber auch an vielen anderen Orten, wie im Rammert. Steckt dahinter wirklich nur der Hinweis auf kirchliche Güter, wie bisher behauptet? Oder sind hier noch namentlich alte Kultstätten überliefert?

Die heute noch bei den älteren Einwohnern Mössingens bekannten Flur-Bezeichnungen finden sich einerseits im Bereich der verschwundenen Siedlungen „Steinhofen“ und „Sankt Johannisweiler“, die auf halben Weg nach Beuren am Fuße des Albrands lagen. In alten Verkaufs-Urkunden tauchen ein „Heiliger Wald“ und ein „Heylingenbach“ (1650) auf – zuvor „Hailligenbach“ (1609) genannt. Außerdem ein „Hailgen Acker“, bereits 1522 als „Heiligenacker“.

Auch im Bereich des Belsener Kapellen-Südhügels sind 1541 „Hailige Halden“ erwähnt. Ein weiterer „heiliger“ Markungsteil ist durch eine über Jahrhunderte anhaltende Chronisten-Schlamperei namentlich völlig verzerrt worden. Im Mössinger Heimatbuch ist bei der Auflistung der bekannten Flurnamen die Bezeichnung „Forkloch“ aufgeführt und wird als „Schweinewiese“ gedeutet. Eine völlige Fehlinterpretation, die dem unbedarften Leser natürlich nicht auffällt.

Das „Forkloch“, im Jahre 1800 zum ersten Mal genannt, hieß nämlich ursprünglich „Auf Heiligloch“! Die meist ortsfremden Urkundenschreiber der Vergangenheit hatten ihre Probleme bei der schriftlichen

Ein „heiliger Wald“ (links) und „heilige Halden“ (rechts) von der Belsener Kapelle – Kirchenbesitz oder alte Kultstätte?

Fixierung der örtlichen Mundart. So konnte es passieren, dass aus „uff heilig Loch" (1609), „uff hoaleg Loch, Hairgloch" (1650) und „Horgloch" (1714) schließlich ein „Foarkloch" wurde.

Ein weiterer Fehler ist es, das „loch" wörtlich zu nehmen. Die richtige altdeutsche Deutung führt zum „loh", lateinisch „lucus", was kleiner Wald oder Lichtung heißt. Damit bezeichnet die Flur also keine Höhle oder tiefe Quelle, sondern ein Wäldchen. In unserem Mössinger Fall ist die Lage desselben jedoch umstritten.

In einem württembergischen Lagerbuch von 1522 heißt es: „... auf Heilig Loch in der Zelg gen Bellsen hinauf." Genauer wird es 1565 im Lagerbuch der geistigen Verwaltung Tübingen:

 „Auf Block": Wurde hier zur Wintersonnwende der Brauch des „Julblocks" gefeiert?

„Martin Hap und Hanns von Freissingen zinsen ... sechs Jaucherten ackers uff Hailigloch. Zwischen Hans Flammers ackher und Hannsen von Freissingen wisen gelegen ..."

Der nun folgende Satz ist der Knackpunkt, der unterschiedlich gedeutet wird; -weg oder -wiese? Belsens Alt-Pfarrer Max Duncker (1901) entzifferte ihn mit:

„... stoßen gegen BraitWEG uff Jacob Gegers Acker" und schlussfolgerte: „Diese Bezeichnungen weisen auf einen alten Druidenhain hin, den nordöstlichen Abhang des Belsener Kapellenberges." Dadurch erkläre sich auch der Name Barbelsen(straße) auf der Westseite des Hügels, als Gegensatz zu einem einst bewaldeten Teil des Osthügels. Im Dreißigjährigen Krieg wurde durch eine List der Belsener den vorbeiziehenden Truppen eine brennende Kirche vorgetäuscht, indem man die Gipfel der sie umgebenden Tannen in Brand steckte. Für den „heiligen" Wald an der Mössingen zugewandten Kapellen-Bergseite spricht aber auch ein weiterer rätselhafter Flurname: „Auf Block". Soll es sich laut Heimatbuch dabei nur um einen markanten Grenzstein handeln, der einst an der jetzigen Dreifürstensteinstraße/Ecke Südring stand? In einer Urkunde von 1666 heißt es „im Belser Weg im Cäppelins Blockh", womit eine Verbindung zu der Kapelle hergestellt ist. Wenn wir deren gesicherte astrologische Besonderheiten mit der Druidenhain-Theorie verbinden, stoßen wir auf die (heute noch im Norden verbreitete) altgermanische Sitte des Julblocks. Früher mussten zur Wintersonnwende die Fehden ruhen, während man der Gottheit Freyr (Fro o. ä.) Opfer darbrachte. Am Jul/Weihnachtsabend traten „der Hausvater, die Hausmutter und das Gesinde" an einen Block heran und schworen hintereinander Treue, Liebe und Pflichterfüllung.

Auf der Suche nach dem „heiligen Wald" geht Mössingens Alt-Stadtarchivar Eugen Anstätt von einer anderen Lage als der an der nordöstlichen Seite der Kapelle aus. Er entzifferte die Eintragung in dem alten Lagerbuch wie folgt:

„... stoßen gegen BraittWIS uff Jakob Heyes Acker" und will das „Heiligenloch" deshalb fast zwei Kilometer weiter östlich ausgemacht haben. Also im heutigen Gartenhausgebiet zwischen Berggasse und der dortigen Öschlesgärtnerei. Denn wegen der früher üblichen Dreifelderwirtschaft war das Ackerfeld der Gemarkung Mössingen in die Zelgen Oberösch, Unterösch und Belser Ösch eingeteilt. Und die Belser Ösch umfasste sowohl den Kapellenberg als auch das jetzige Baugebiet „Öschlesgarten". Archivar Anstätt will überdies in dem „Heiligenloch" nichts Kultiges, sondern lediglich ein Kirchengrundstück sehen: „Der Kirchenpfleger hieß Heiligenpfleger und Kirchengrundstücke waren deshalb Heiligengrundstücke".

Dies sah Jacob Grimm in seinem Standardweg über die deutsche Mythologie anders: „Ich bin geneigt, die fast überall in Deutschland erscheinenden örtlichen Benennungen heiliger Wälder auf das Heidentum zurückzuführen. Nach christlichen Kirchen, die im Walde angelegt waren, würde man schwerlich den Wald heilig genannt haben.“ Grimm führt eine ganze Reihe Urkunden aus dem frühen Mittelalter auf, die „heilige forste/lohe“ nennen.

Die Götterverehrung unserer Vorfahren vollzog sich unter freiem Himmel: „Wälder und Haine weihen sie ihnen. Es verträgt sich nicht mit der Erhabenheit der Himmlischen, sie in Tempel einzuschließen und menschenähnlich darzustellen“, berichtete der römische Geschichtsschreiber Tacitus. In der „Altgermanischen Religionsgeschichte“ beschreibt de Vries, dass unsere Wälder einst so dicht standen, dass man tagelang laufen musste, bis man hindurch war: „Hier walteten Mächte, die gefährlich werden konnten und die es zu beschwichtigen galt.“

Wie diese Kulte gefeiert wurden, wissen wir nur in Teilen. Sicher ist, dass der Begriff des heiligen Hains als einer der Hauptkultstätten des südlichen Germanentums feststeht. Die Wälder waren – je nach Stammesreligion – verschiedenen Gottheiten gewidmet, die über die Gipfel der Bäume verehrt und angebetet wurden. Neben Tier- und Skulpturopfern gab es auch ein regelrechtes Abschlachten von gefangen genommenen Feinden.

Noch im Jahre 727 mussten die unsere Gegend beherrschenden Franken folgendes Gesetz erlassen: „Wer an einem Baum, den die Landsleute einen heiligen Baum nennen, oder an Quellen betet oder heidnischen Gottesdienst oder Beschwörungen treibt, der soll ... Strafe zahlen.“

Die Belsener Kapelle ist mit ihrer abgebrannten Vorgängerkirche um das 11. Jahrhundert erbaut worden. Dass dort zuvor ein Kult- oder Opferplatz bestanden hatte, gilt fast als sicher. Wir wissen von anderen Kapellen-Standorten, dass zu Beginn der Christianisierung die heiligen Bäume der heiligen Haine den Missionars-Äxten zum Opfer fielen. Aus ihrem Holz entstanden die ersten schlichten provisorischen Gotteshäuser.

Der „Heiligenbach“ im „Heiligenwald“ des im Mittelalter verschwundenen Ortes St. Johannisweiler südlich von Belsen. Walteten hier „gefährliche Mächte“, die es zu beschwichtigen galt?

Mitarbeit

Fritz Krauß

Ehrenamtlicher Mitarbeiter des Landesdenkmalamtes, Naturschutzwart (und personifizierter Archäologieführer zu den geheimnisvollen Stätten der Region).

Adolf Schäfer

Ahnen- und Stammbaumforscher, Fachmann für lokale Kirchengeschichte (und deren Entzifferung in alten Archiv-Schriften).

Für ihre heimatkundliche Vorarbeit und wissenschaftliche Mithilfe danke ich den nachstehenden Persönlichkeiten, ohne deren engagierte Mitarbeit dieses Buch nicht möglich gewesen wäre:

- Alfred Schumacher, Talheimer Alt-Schultes und nahezu allwissender Experte der Dorfgeschichte (Foto im Kapitel „Der abgewinkelte Sandstein")
- Walter Brants, erfolgreicher Geschichts-Autor und Entdecker und Mit-Ausgräber von Römerbauten (Foto im Kapitel „Der Weg durch die Teufelsklinge")
- Gerhard Salzer, unkonventioneller archäologischer Spurensucher mit der Wünschelrute (Foto im Kapitel „Der Totenkopfbaum")
- Steffen Killinger, Mössinger Archäologie-Fachmann und unermüdlicher Ausgräber (Foto im Kapitel „Eisenverhüttung")

Hans-Martin Schneider

Hobby-Historiker und unermüdlicher Spürhund der Öschinger Geschichte (über die er das erste Heimatbuch schreiben will).

Karl Schauber

Heimatforscher und profundester Kenner der Belsener und Mössinger Ortsgeschichte (sowie mundartpflegender Schriftsteller und Dichter).

Ferner in alphabetischer Reihenfolge: Karl Benz (Geo-Biologe); August Creuzberger (Talheimer Burgbesitzer); Walter Haas (Gönninger Historiker); Fritz Kielkopf (Eninger Heimatkundler); Dr. Eberhard Kinkelin (Gönninger Heimatkundler); Christian Lang (Naturkunde-Fachmann, Belsen); Hermann Möck (Willmandinger Heimatforscher); Dr. Christoph Morrissey (Höhensiedlungs-Archäologe); Reinhold Rall (Eninger Geschichtsverein); Erwin Reeß (Belsener Ortskundler); Rudolf Straub (Mittelalter-Fachmann, Reutlingen); Alois Willburger (Salmendinger Heimatforscher) und all diejenigen, die im nächsten Buch genannt werden.

Anregungen und Kritik nimmt der Autor gerne entgegen:
Jürgen Meyer, Zieglerstraße 6, 72116 Belsen, Tel.: 0 74 73 / 27 19 20,
Fax: 0 74 73 / 27 19 21, E-Mail: juergen.meyer@gea.de

Quellenverzeichnis

(wenn nicht ausdrücklich im Text zitiert:)

Achthundert Jahre Ofterdingen im Steinlachtal. Tübinger Chronik 2000
Alamannische Siedlung und Kultur, Frank Stein. Thorbecke Sigmaringen 1991
Alte Maße, Münzen und Gewichte. Degener Verlag 1968
Altgermanische Religionsgeschichte, J. de Vries. de Gruyter 1970
Aus der Vorzeit Reutlingens, Theophil Rupp. Carl Mäcken 1869
Beiträge zur Vor- und Frühgeschichte. Hallonen Verlag 1967
Beschreibung des Oberamts Reutlingen. Cotta'sche Buchhandlung 1824
Beschreibung des Oberamts Tübingen, 1867. ND 1970 Bissinger KG, Sindelfingen
Blätter des Schwäbischen Albvereins, Jahrgänge 1889 bis 1929
Blätter für Württembergische Kirchengeschichte. Quell Verlag 1949
Burgenführer Schwäbische Alb, Günter Schmitt. Biberacher Verlagsdruckerei 1991
Deutsche Mythologie, Jakob Grimm. ND 1968 VMA-Verlag, Wiesbaden
dtv-Atlas zur Weltgeschichte. dtv München 1993
Dusslingen. Gemeinde Dusslingen 1988
Europas Kultur der Gross-Skulpturen, Dr. Elisabeth Neumann. Giessen 1981
Flur-, Orts- und Straßenn. der Gemarkung Mössingen, Eugen Anstätt. Fritz Druck 1989
(Die) Geschichte von Bodelshausen. Tübinger Chronik 2000
(Die) Geschichte von Gomaringen. Gomaringer Verlag 1988
(Die) Gönninger. Stadtverwaltung Reutlingen, 1992
Götterhaine in Württemberg, Dr. E. Hahn. Hohenloher Druckhaus 1959
(Die) Groß-Steinskulpturen, Winfried Katholing. Selbstverlag Aschaffenburg 2001
Hie gut Wirtemberg allewege. Dr. Gerhard Raff. Selbstverlag Degerloch 1993
Höhlenführer Schwäbische Alb, Hans Binder. Theiss Verlag Stuttgart 1977
(Die) Kelten. Theiss Verlag, Stuttgart 2001
Kunst- und Altertumsdenkmale im KGR Württemberg. Neff Verlag 1897
(Der) Landkreis Balingen. Amtliche Kreisbeschreibung 1961
(Der) Landkreis Reutlingen. Thorbecke Sigmaringen 1997
(Der) Landkreis Tübingen. Tübinger Chronik 1967
Mössinger Bergrutsch, Armin Dieter. Tübinger Chronik 1992
Mössinger Heimatbuch, Martin Haar. Fritz Druck Verlag, Mössingen 1974
Nehren. Eine Dorfchronik. F. A. Köhler. Gulde-Druck Tübingen 1981
Neunhundert Jahre Nehren. Laupp und Göbel, Tübingen 1986
Pfullingen. Neske-Verlag, 1982
Reutlinger Heimatbuch, Karl Rommel. Oertel & Spörer 1913
Reutlinger Geschichtsblätter. Sülchgauer Altertumsverein, Jahrgang 1889 bis 1929
Römische Gutsanlage von Hechingen-Stein. Theiss Verlag, Stuttgart 1999
Rottenburger Oberamtsbeschreibung Band 1 von 1893, Band 2 von 1889
Tübingen und seine Umgebung. Eugen Nägele. Franz Fues Verlag 1876
(Der) Übergang vom Wuotanismus zum Christentum. Guido Lift Verlag 1928
Vor- und frühgeschichtliche Besiedlung des Schönbuchs, Dr. C. Morrissey. DRW 2001
(Der) Zollernalb-Kreis. Theiss Verlag, Stuttgart, 1979

Alle Bilder stammen vom Autor. Vorlagen zum Kapitel „Belsener Kapelle“ aus dem Archiv von Adolf Schäfer, meinem Großvater. Das Vorwort hat jedoch Uschi Pacher illustriert.

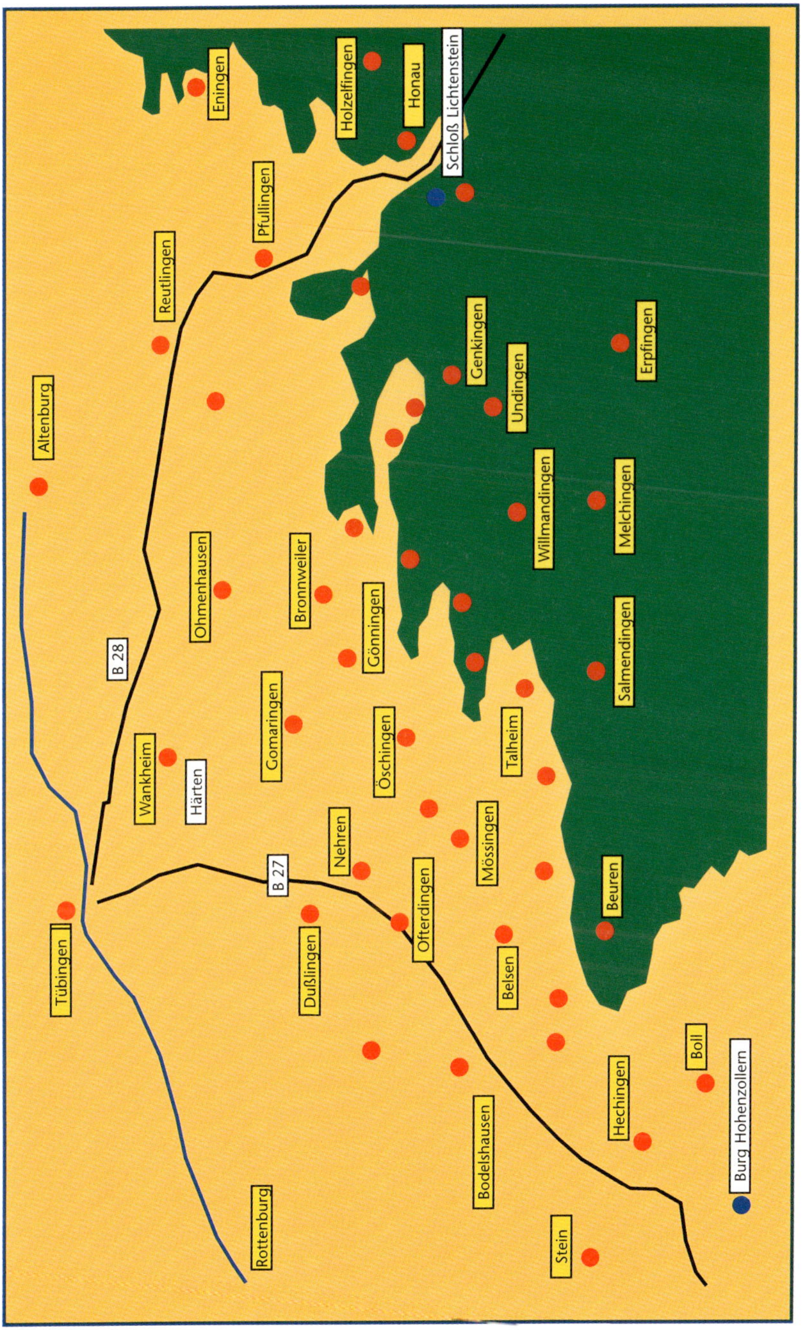
Eningen
Holzelfingen
Honau
Schloß Lichtenstein
Pfullingen
Reutlingen
Altenburg
Genkingen
Undingen
Erpfingen
Willmandingen
Melchingen
Ohmenhausen
Bronnweiler
Gönningen
B 28
Salmendingen
Gomaringen
Öschingen
Talheim
Wankheim
Härten
Nehren
Mössingen
B 27
Ofterdingen
Beuren
Tübingen
Dußlingen
Belsen
Boll
Hechingen
Burg Hohenzollern
Bodelshausen
Rottenburg
Stein